VERLAGSGRUPPE PATMOS

PATMOS
ESCHBACH
GRÜNEWALD
THORBECKE
SCHWABEN
VER SACRUM

Die Verlagsgruppe
mit Sinn für das Leben

Hinweis:
Heller und dunkler Sirup sind als *ljus sirap* und *mörk sirap* online in Skandinavien-Shops erhältlich. Ersatzweise können z.B. heller Zuckerrübensirup statt hellem Sirup und Melasse statt dunklem Sirup verwendet werden.

MIX
Paper | Supporting responsible forestry
FSC® C084698

Die Verlagsgruppe Patmos ist sich ihrer Verantwortung gegenüber unserer Umwelt bewusst. Wir folgen dem Prinzip der Nachhaltigkeit und streben den Einklang von wirtschaftlicher Entwicklung, sozialer Sicherheit und Erhaltung unserer natürlichen Lebensgrundlagen an. Näheres zur Nachhaltigkeitsstrategie der Verlagsgruppe Patmos auf unserer Website www.verlagsgruppe-patmos.de/nachhaltig-gut-leben

Verlagsgruppe Patmos in der Schwabenverlag AG, Ostfildern
www.thorbecke.de
Originalausgabe mit dem Titel „Grovt Bröd“ erschienen 2023 bei Tukan förlag, Schweden.

Deutsche Übersetzung veröffentlicht im Einvernehmen mit Bennet Agency.

Text: Maria Blohm
Fotos: Katja Ragnstam
Satz: Schwabenverlag AG, Ostfildern
Umschlaggestaltung: Finken & Bumiller, Stuttgart
Druck: PNB Print Ltd, Silakrogs
Hergestellt in Lettland
ISBN 978-3-7995-2054-6

Maria Blohm

Vollkorn

Einfach Brot backen mit Körnern, Saaten & Vollkornmehl

Aus dem Schwedischen von Julia Gschwilm

Jan Thorbecke Verlag

INHALT

THEORIE .... Seite 13

TECHNIK .... Seite 41

ÜBER-NACHT-BROT .... Seite 51

ALLTAGSBROT .... Seite 75

SAUERTEIGBROT .... Seite 135

REZEPTE

Über-Nacht-Dinkelbrötchen Seite 55

Über-Nacht-Roggenbrötchen Seite 57

Über-Nacht-Cranberrybrötchen Seite 59

Über-Nacht-Blaubeerbrot Seite 61

Über-Nacht-Kürbiskernbrötchen Seite 63

Über-Nacht-Teegebäck mit Hafer Seite 65

Über-Nacht-Blechschnitten 67

Über-Nacht-Walnussbrot 69

Über-Nacht-Pizzateig 71

Über-Nacht-Baguette 73

Toastbrot Seite 77

Pestobrot Seite 79

Einfaches Topfbrot Seite 81

Kneippbrot Seite 83

Tomatenfocaccia Seite 85

Preiselbeerlaib Seite 87

Nussbrot Seite 89

Burger Buns Seite 91

Minibaguettes mit Samen Seite 93

Vollkorn-Scones Seite 95

Croissants Seite 96

Erdnuss-Scones Seite 101

Brot mit Vierkornschrot Seite 103

Haferknäcke mit Samen Seite 105

Siruplaib Seite 107

Früchte-Nuss-Brot Seite 109

Überbrühtes Preiselbeerbrot Seite 111

Roggenfladen Seite 113

Süßes Kastenbrot Seite 115

Dünnes Fladenbrot Seite 117

Schnelles süßes Brot Seite 119

Natronbrot Seite 121

Orangenlaib Seite 123

Kakaobrot Seite 125

Rote-Bete-Brot Seite 127

Roggenknäcke Seite 129

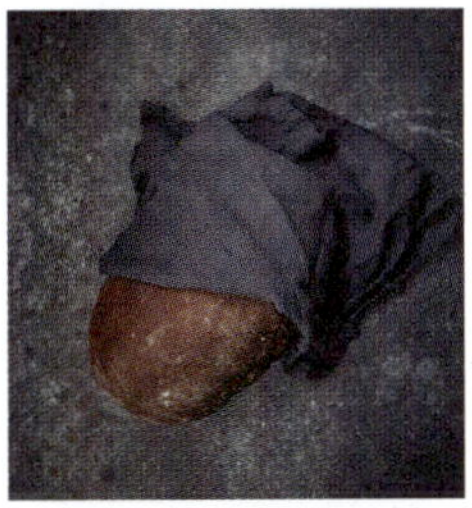
Weihnachtliches Würzbrot mit Gewürzmischung Seite 131

Weihnachtliches Würzbrot mit eigenen Gewürzen Seite 133

Sauerteigstarter Seite 139

Dänisches Roggenbrot Seite 141

Sauerteigbrot mit Sesam Seite 143

Sauerteigbaguettes Seite 145

Brötchen mit Honig Seite 147

Finnisches Sauerteigbrot Seite 149

Deutsches Sauerteigbrot Seite 151

VORWORT

Fluffige Brötchen, luftige Baguettes und Weißbrot in allen Ehren, aber im Alltag brauchen wir Brot, das länger als ein paar Stunden frisch bleibt und mehr Aroma hat. Ihr Frühstücksbrot oder Abendbrot soll schmecken und haltbar sein. Alle Rezepte in diesem Buch enthalten mehr oder weniger Vollkorn, und meiner Meinung nach hat es nur Vorteile, den meisten Brotrezepten etwas Vollkorn hinzuzufügen – für Geschmack, Haltbarkeit und Gesundheit.

Früher wollte ich einmal Karriere als Bäckerin machen. Leider hat die staubige Luft in den Bäckereien mir einen Strich durch die Rechnung gemacht, aber das große Interesse für Backen im Allgemeinen und Brot im Besonderen ist geblieben. Backen ist unglaublich spannend! Mehl zum Beispiel schmeckt schrecklich, wenn man es pur isst, aber zusammen mit Flüssigkeit, Salz und einem Triebmittel wird es zu einem der fantastischsten und beliebtesten Dinge, die wir haben: Brot.

Je mehr ich über das Brotbacken und die Abläufe in einer Bäckerei gelernt habe, desto mehr habe ich begriffen, dass die Leute häufig eine Menge Fehlinformationen über den Vorgang des Backens bekommen. Oft lernt man, die Teigflüssigkeit aufzuwärmen, viel zu viel Hefe zu verwenden, zu wenig zu kneten und den Teig zu kurz gehen zu lassen. Das Endresultat wird – verglichen mit dem, was ein gelernter Bäcker herstellt – ziemlich dürftig, und ich kenne viele, die das Brotbacken aufgegeben haben, weil es einfach nicht gut oder lecker genug wird. Aus diesem Grund habe ich angefangen, Kurse im Brotbacken zu veranstalten, und durch all meine fantastischen Teilnehmer sind Fragen aufgetaucht, die mich dazu angespornt haben, noch viel mehr darüber in Erfahrung zu bringen, was eigentlich im Teig passiert. Deshalb gibt es in diesem Buch auch ein ausführliches Theoriekapitel, das über Gärung und Mehlsorten informiert und Tipps und Tricks für besseres Gelingen gibt.

THEORIE

TIPPS UND TRICKS

Genau abwiegen

Ich treffe viele Menschen, die gerne „nach Gefühl" backen wollen. Und das kann man absolut machen, wenn man schon oft und vor allem dasselbe Rezept gebacken hat. Wenn man allerdings im Hinblick auf das Backen im Allgemeinen oder das geplante Rezept im Speziellen ein ziemlicher Neuling ist, wird es schwieriger. Wer Erfahrung hat und weiß, wie sich der Teig anfühlen muss, kann nach Gefühl abmessen. Wenn man es nicht weiß, misslingt das Ganze oft, oder es wird einmal gut und beim nächsten Mal eine Katastrophe, und man weiß nicht warum.

Mein Tipp ist, genau abzuwiegen, bis man sich richtig sicher fühlt. Ich wiege die Zutaten für meine Teige immer genau ab. Dann bin ich sicher, dass es ein essbares Brot wird, auch wenn ich mit verschiedenen Mehlsorten improvisiere.

Die Temperatur im Brot messen

Alle Teige mit Weizenmehl sind fertig gebacken, wenn sie eine Temperatur von über 96 °C erreicht haben. Hat man also vergessen, die Uhr zu stellen, oder ist sich unsicher, ob das Brot wirklich fertig ist – einfach ein Bratenthermometer in die Mitte stecken. Wenn es die richtige Temperatur hat, ist es fertig. Besonders wichtig ist das bei „schweren" Broten, die ansonsten leicht klebrig werden können.

Kalt abwaschen

Um zu vermeiden, dass der Teig sich in der Spülbürste festsetzt und gefühlt nie wieder weggeht, einfach die Backschüssel mit kaltem Wasser füllen und ein wenig stehen lassen – dann kann man den Großteil mit der Hand wegwischen, bevor man zu spülen anfängt.

HALTBARKEIT VON BROT

Brot mit viel Vollkorn und viel Flüssigkeit im Verhältnis zu Mehl, zum Beispiel dänisches Roggenbrot, muss oft eine Nacht ruhen, damit es beim Schneiden nicht zerbröckelt. Aber dann hält es sich mehrere Tage lang.

Halbgrobes oder etwas helleres Brot schmeckt frisch gebacken und 1–2 Tage danach am besten. Man kann es gut in Scheiben schneiden und einfrieren. Ich hole dann oft ein paar Scheiben heraus und röste sie, denn Brot mit etwas Vollkorn schmeckt geröstet besonders lecker!

Brötchen, Buns und ähnliche kleine Brote machen sich frisch gebacken am allerbesten, weil sie schneller an Flüssigkeit verlieren. Deshalb ergeben die Rezepte eine geringere Anzahl, meist 6–8 Stück.

Frisch gebackenes Brot mit viel Kruste sollte am ersten Tag am besten unverpackt oder in einer Papier- oder Stofftüte verwahrt werden, damit es die Kruste behält. Nach ein paar Tagen kann man es dann beispielsweise in eine Plastiktüte legen, damit es nicht zu stark austrocknet.

Brot, das eine weiche Oberfläche haben soll, wird nach dem Backen am besten mit einem Handtuch bedeckt und dann in einer Plastiktüte verwahrt, damit es weich bleibt.

Für die längste Haltbarkeit sollte Brot in Plastik verpackt oder in einen geschlossenen Behälter gelegt werden, damit es nicht zu schnell trocken wird.

MYTHEN ÜBER DAS BACKEN

Der Teig darf beim Gehen keinen Zug abbekommen.
Falsch. Ich habe Teig sogar schon draußen auf einem windigen Felsen einer Insel an der Westküste Schwedens gehen lassen. Bäckereien haben die Fenster oft weit offen, und das ist völlig in Ordnung. Es ist jedoch von Vorteil, die Schüssel mit Frischhaltefolie zu bedecken, sodass die Feuchtigkeit nicht verloren geht.
Wenn das Brot „totgebacken" wird, liegt das oft daran, dass man einen schwachen Teig gemacht hat, der zu schnell und zu warm gegangen und infolgedessen kollabiert ist.

Die Flüssigkeit im Teig muss warm sein, damit er geht.
Überhaupt nicht. Die Hefe vermehrt sich und bildet Kohlendioxid, das den Teig selbst bei einer niedrigen Temperatur wie 4 °C aufbläht. Das dauert etwas länger, aber es gibt auch mehr Geschmack und einen besseren/stärkeren Teig.

Im Teig muss viel Hefe sein.
Mir ist aufgefallen, dass viele Angst haben, dass der Teig nicht geht, und deshalb zu viel Hefe verwenden. Aber auch wenn man nur einen kleinen Krümel Hefe dazugegeben hat – der Teig wird gehen. Hefe ist sehr gut darin, sich zu vermehren. Und Fakt ist, wenn man überhaupt keine Hefe beigemischt hat, wird der Teig am Ende trotzdem gehen – so macht man Sauerteig! Hefepilze und Bakterien landen im Teig und setzen einen Gärungsprozess in Gang. Aber wie gesagt, wenn ein kleiner Krümel Hefe verwendet wurde, kann man ganz beruhigt sein.

NACH DEM BACKEN

Wenn das Brot aus dem Ofen genommen wurde, gibt es Verschiedenes zu bedenken, je nachdem, was man erreichen will.

Früher war es üblich, das Brot mit einem Geschirrtuch zuzudecken, und in fast allen meinen Kursen kam die Frage auf, ob man das machen soll.

Man kann es machen; die Oberfläche des Brotes wird dann weich. Bei süßen Laiben, Roggenfladenbroten und Ähnlichem mit weicher Oberfläche ist es ein guter Kniff. Oft bestreiche oder besprühe ich diese Brote auch außen mit Wasser, wenn sie gerade aus dem Ofen gekommen sind. Dann wird die Oberfläche glänzend und weich.

Will man dagegen eine knusprige Kruste wie bei Baguettes oder anderen Brotsorten, sollte man das Brot nicht zudecken. In diesem Fall lässt man es am besten ohne Geschirrtuch auf einem Rost abkühlen, dann behält es seine knusprige Konsistenz.

Dasselbe gilt auch für das Verwahren. Ein Brot, das seine knusprige Oberfläche behalten soll, sollte nach dem Backen nicht zu bald in eine Plastiktüte gesteckt werden. Dänisches Roggenbrot und ähnliche Sorten wickele ich dagegen in Plastikfolie, wenn es noch ein bisschen warm ist.

HEFE

Es gibt unglaublich viele Sorten von Hefe, aber die, die wir traditionell zum Backen verwenden, heißt Saccharomyces cerevisiae. Der Hefepilz setzt sich aus Protein, Kohlenhydraten, Fett, Mineralstoffen und Vitamin B zusammen. Ein Großteil des Proteins besteht aus Enzymen, die Zucker in Kohlendioxid und Ethanol verwandeln können. Hefe lebt von Zucker und Säure, und wenn wir keinen Zucker in den Teig geben, wird das im Mehl enthaltene Enzym Amylase (Alpha- und Beta-Amylase) die Stärke in Malzzucker (Maltose) aufspalten. Danach kann die Hefe übernehmen. Weizenmehl enthält beispielsweise ungefähr 70 Prozent Stärke, die der Hefe als Nahrung dienen kann.

Bei Temperaturen zwischen 35 und 38 °C gibt die Hefe am meisten Kohlendioxid ab, dann geht der Teig schnell. Bei unter 4 °C stoppt die Gärung komplett. In Pizzerien nutzt man das aus, indem man den Teig in Kühlungen von 0–3 °C verwahrt. Dort hält sich der Teig mehrere Tage, ohne dass er kaputtgeht.

Wenn ein Teig bei Zimmertemperatur steht, wird die Temperatur im Teig langsam steigen und die Hefe aktiviert werden. Hefe ist gut darin, sich zu vermehren. Das tut sie durch sogenannte Sprossung. Jede Hefezelle kann 20–30 neue Zellen bilden, die wiederum genauso viele bilden.

GLUTEN

In Weizenmehl gibt es die Proteine Gliadin und Glutenin. Sie bilden zusammen Gluten, indem sie sich verknüpfen und Flüssigkeit binden. Ihre Kopplungen sind anfangs schwach, aber wenn sie genügend Zeit bekommen, werden sie stark und widerstandsfähig. Davon kommt das herrlich elastische Gefühl im Brot. Die Glutenfäden bilden ein Netz im Teig, das während des Gehens sein „Skelett" bildet. In die Hohlräume zwischen den Fäden legt sich das Kohlendioxid, das die Hefe bildet. Je stärker die Fäden sind, desto höher und luftiger kann der Teig aufgehen, da die Fäden mehr Gas halten können, ohne zu zerreißen. Aber wenn der Teig zu kurz und gleichzeitig zu schnell geht, werden die Kopplungen nicht so stark und das Kohlendioxid, das den Teig vergrößert, zerreißt sie. Dann fällt der Teig zusammen und bekommt eine schwerere, plattere und „kürzere" Konsistenz ohne Elastizität.

Auf dem Weg zum „Gefühl für Teig" gibt es jedoch ein cleveres Werkzeug, nämlich die Glutenprobe. Die Glutenfäden werden durch Zeit und/oder Kneten stärker, und um zu sehen, wie stark sie sind, kann man die Probe machen. Nachdem Gluten während des Gehens das „Skelett" des Brotes bildet, sollte es stark und elastisch sein. Dann kann es das Gas aus der Hefe besser halten und sich höher heben, was das Innere des Brotes luftiger und weicher macht. Wenn man die Glutenprobe macht, weiß man ziemlich sicher, ob der Teig wirklich fertig geknetet ist. Wenn man will, kann man die Probe während des Knetens ein paarmal machen, um zu sehen, wie der Teig sich verändert. Ein guter Teig fühlt sich geschmeidig und glatt an, und wenn man daran zieht, spürt man elastischen Widerstand.

So wird's gemacht:
Ein Stück Teig in der Größe eines Tischtennisballs nehmen und in Mehl wenden, damit es nicht an der Hand festklebt. Den Teig sukzessive auseinanderziehen (als wollte man eine ganz kleine Pizza machen) und versuchen, ihn so dünn wie möglich zu bekommen, ohne dass er reißt. Wenn man das Licht und sogar den Schatten der Hände durchsehen kann (wie bei einem Nylonstrumpf), ist der Teig fertig.

GLUTENPROBE

KNETEN

Man kann Teig ganz wunderbar von Hand kneten, vor allem bei langen Gehzeiten. Der Vorteil jeglicher Art von Maschine ist jedoch unter anderem, dass sie mehr Luft/Sauerstoff in den Teig einarbeitet und ihn gleichzeitig oft besser knetet, als man es von Hand schafft, was ein besseres Glutennetz schafft. Nachdem die Hefe von Sauerstoff und Zuckerarten lebt, kann sie sich besser vermehren, wenn man während des Knetvorgangs mehr Sauerstoff hineinbekommt.

Die Kopplungen zwischen den Proteinen werden mit der Zeit immer stärker, und das Kneten beschleunigt den Prozess, sodass der Teig schneller stärker wird.

Man braucht keine teure neue Maschine zu kaufen; eine gebrauchte geht genauso. Die Vorteile des Knetens durch die Maschine sind – wie oben beschrieben – ein besserer und stärkerer Teig, in dem sich mehr Sauerstoff befindet. Dazu kommt, dass man beim Kneten von Hand leicht zu viel Mehl in den Teig einarbeitet. Am besten, man bestäubt nur die Hände mit Mehl, wenn der Teig beim Kneten zu sehr klebt, und lässt ihn lieber etwas klebrig als mehr Mehl in den Teig zu geben, was ein trockeneres und härteres Brot ergibt. Wenn man keine Maschine hat, kann man lange Gehzeiten einplanen, das macht die Glutenfäden stärker und den Teig besser.

„AUS DER HÜFTE“ BACKEN

Oft höre ich bei meinen Kursen, dass man gerne „aus der Hüfte“ backen will, wie es irgendein älter Verwandter zu tun scheint. Was man dabei vergisst, ist, dass „aus der Hüfte“ oder „nach Gefühl“ eigentlich Erfahrung bedeutet. Wenn man ganz neu auf dem Gebiet des Backens ist, hat man keine Erfahrung, und dann geht das Nach-Gefühl-Backen oft schief und das Brot misslingt. Ein vergleichendes Beispiel: Als meine Schwester zum ersten Mal hinter dem Steuer saß, um unter Anleitung meines Vaters eine Übungsfahrt zu machen, fuhr sie eine Weile und sah dann, dass sie sich einer Kreuzung näherten. Nachdem sie in dem Metier keinerlei Erfahrung hatte, fragte sie unseren Vater: „Was mache ich, wenn ich an die Kreuzung komme?“ Papa antwortete gelassen: „Das merkst du dann schon.“ (Zu Papas Verteidigung muss ich allerdings hinzufügen, dass es ein sehr kleiner, verkehrsarmer Schotterweg war, auf dem sie fuhren.)

„Aus der Hüfte“ Auto zu fahren kann etwas schlimmere Konsequenzen haben als backen, aber prinzipiell ist es empfehlenswert, mit irgendeiner Form von Anleitung anzufangen, sowohl beim Auto als auch beim Teig. Für ein gelungenes Resultat sollte man anfangs Rezepten folgen und die Zutaten gut abwiegen, aber auch die ganze Zeit denken und spüren: Wie hat sich der Teig nach dem Kneten angefühlt, nach dem Gehen, nach dem Backen? Wenn man sich allmählich sicherer fühlt, kann man die Rezepte etwas verändern und sehen, was passiert, und am Ende auch „aus der Hüfte“ backen, wenn man das möchte.

UTENSILIEN & GERÄTE

Küchenwaage

Eine Küchenwaage ist ziemlich billig in der Anschaffung und eines der wichtigsten Utensilien für das Backen. Nehmen Sie eine mit glatter Oberfläche, die leicht zu reinigen ist. Sie sollte sich nicht zu schnell ausschalten; es macht keinen Spaß, wenn man mitten im Wiegen eine neue Tüte Mehl öffnet, die Waage währenddessen automatisch ausgeht und man nicht weiß, wie viel Mehl man schon in der Schüssel hatte. Es ist auch von Vorteil, wenn sie bis zu 5 Kilo wiegen kann. Wenn das Gewicht der Schüssel hinzukommt, kann eine Waage, die nur für 2–3 Kilo gedacht ist, mitten im Wiegen plötzlich streiken.

Ofen

Es wäre viel einfacher für mich und andere Kochbuchautoren, wenn alle Öfen Klone voneinander wären. Aber auch Öfen derselben Marke und desselben Modells können sich unterschiedlich verhalten. Deshalb sollten Sie, wenn sie den Rezepten dieses Buches folgen (und allen anderen auch) ihren Ofen möglichst gut kennen. Die Temperaturen und Zeiten, die ich angebe, sind Richtwerte; beginnen Sie damit und sehen Sie dann, ob Sie die Temperatur erhöhen oder senken müssen. Notieren Sie es gern im Buch, sodass Sie sich daran erinnern.
Ich verwende fast immer Heißluft, wenn der Ofen diese Funktion hat, und empfehle Ihnen, das auch zu tun. Falls es keine Heißluftfunktion gibt, nehme ich Ober-/Unterhitze und stelle den Ofen 25 °C höher als im Rezept angegeben.

Teigknetmaschinen

Ich war früher Produkttesterin und habe die meisten Marken von Teigknetmaschinen und Küchenmaschinen ausprobiert, die auf dem Markt erhältlich sind. Da ich sowohl Kurse gegeben als auch zu Hause ziemlich viel gebacken habe, habe ich sie ganz schön hart rangenommen. Mein wichtigster Tipp ist, eine Maschine mit einem ordentlichen Motor zu kaufen, denn sie hält länger. Am besten mit einem Motor über 1000 Watt. Am zweitwichtigsten ist, nicht die Maschine mit der kleinsten Schüssel zu nehmen. 4 Liter mag viel klingen, aber das heißt nicht, dass sie für 4 Liter Teig gedacht ist; in der Praxis haben nur ziemlich kleine Teigmengen Platz. Gebrauchte Maschinen gehen genauso gut.

UNIT
TARE
zenker

ZU DEN REZEPTEN

Wiegen oder abmessen?
Sie fragen sich, warum ich in meinen Rezepten nicht wie in Schweden oft üblich Volumenmaße benutze? Weil Gewichtsangaben einfacher, besser und sicherer sind. Einfacher, weil Sie nur die Schüssel auf die Waage stellen, aus der Packung schütten und die Wage zwischen den einzelnen Zutaten auf null stellen müssen. Sicherer, weil Sie jedes Mal wirklich dieselbe Menge Mehl im Teig haben, und die Chance steigt, dass das Brot gelingt. Man sollte meinen, dass alle Maße dieselbe Menge fassen, weil sie es so angeben. Aber erstens kann das Mehl mal dichter und mal weniger dicht fallen, und zweitens hat sich bei meinen Tests gezeigt, dass sich das Volumen verschiedener Messbecher um bis zu 13 Gramm unterscheiden kann. Deshalb wiege ich sogar Flüssigkeiten. Kleine Einheiten, wie ein paar Gramm Salz und Ähnliches, gebe ich jedoch in Mengenmaßen an, weil einige Waagen kleine Mengen nicht so exakt wiegen.

Wasser
In einigen meiner Rezepte steht, dass man ein Blech in die unterste Schiene des Ofens stellen und Wasser hineingeben soll, wenn man das Brot hineinschiebt. Das Blech ist dazu da, um den Ofen zu schützen, damit das Bodenblech sich nicht verzieht. Man kann stattdessen auch mit einem Pflanzensprüher Wasser hineinsprühen. Das Wasser, das sofort zu Dampf wird, erhöht die Luftfeuchtigkeit im Ofen. In der ersten Hälfte der Backzeit expandiert das Brot, und wenn die Oberfläche dann trocken ist, schließt sie das Brot ein und es kann unten aufspringen. Durch die erhöhte Luftfeuchtigkeit im Ofen behält der Teig Elastizität.

Die Kruste wird mit Wasserdampf auch blanker. Darüber hinaus hilft er den Enzymen, Kohlehydrate in Zuckerarten umzuwandeln, welche die Kruste durch die sogenannte Maillard-Reaktion einfärben.

Zimmertemperatur und Kühlschrank

Mit Zimmertemperatur meine ich ungefähr 20 °C; damit habe ich gerechnet, als ich die Rezepte gemacht habe. Im Keller sollte man den Teig ein bisschen länger gehen lassen; wenn Sie die Heizung aufgedreht haben, geht es etwas schneller. Mit kühlschrankkalt meine ich 4–8 °C. Mein Kühlschrank hat ganz oben 4 °C und ganz unten 8 °C. Ich stelle den Teig meist in die Mitte, wo es ungefähr 6 °C hat.

ZUTATEN

Milch und Wasser

Ein Teig auf Wasserbasis wird luftiger, während ein milchbasierter schwerer ist und dichtere Poren bekommt, was zu manchen Brotsorten gut passt. Die Milch kann man bei Bedarf durch Wasser, laktose- oder milchfreie Varianten ersetzen. Die Teigflüssigkeit sollte immer kalt sein, damit die Gärung einen langsamen Start bekommt.

Öl und Butter

Öl im Teig ergibt ein luftigeres Inneres als Butter, die ein etwas schwereres Gefühl verschafft. Manchmal benutze ich sowohl als auch, um die Fettmenge zu erhöhen, ohne dass der Teig zu schwer wird. Fett im Teig schmiert die Glutenfäden und macht den Teig geschmeidiger. Butter lässt sich auch durch laktose- oder milchfreie Varianten ersetzen. Wenn ein Teig mit Butter (z.B. für Hefebrötchen) im Kühlschrank verwahrt wird, wird er härter, weil die Butter fest wird. Man sollte die Butter für einen Teig nie zerlassen, sondern zimmerwarm verwenden. Zerlassene Butter gibt ihm eine Extraportion Flüssigkeit, was wiederum bewirkt, dass man mehr Mehl braucht. Das Resultat ist ein trockenerer Teig.

MEHL

Weizenmehl

Winterweizen wird im Herbst angesät und im darauffolgenden Sommer geerntet. Er liegt in einer kälteren und nasseren Periode in der Erde, was die Qualität und den Proteingehalt beeinflusst. Daher hat er einen niedrigeren Gehalt an glutenbildenden Proteinen. Winterweizen ist sozusagen ein „schwächeres" Mehl.

Sommerweizen wird im Frühling gesät und im Sommer geerntet. Er liegt in einer trockeneren, wärmeren Periode in der Erde, was den Proteingehalt und die Qualität positiv beeinflusst und einen höheren Gehalt von glutenbildenden Proteinen ergibt. Solches Mehl eignet sich zum Brotbacken, es bildet bessere und stärkere Glutenfäden und kann mehr aufgehen. Um ein Mehl zu schaffen, mit dem das Backen einfach ist, mischt man Winter- und Sommerweizen – dann bekommt man das schwedische Weizenmehl Spezial. Es ist mit dem in Deutschland üblichen Weizenmehl Type 850 vergleichbar und hat einen höheren Proteingehalt.

Dinkel/Spelz

Dinkel, auch Spelz genannt, gehört auch zur Gattung des Weizens. Es ist eine ältere Art als unser üblicher Weizen (Triticum aestivum) und hat eine etwas andere Proteinzusammensetzung. Dinkelmehl hat einen nussigeren Geschmack als Weizenmehl.

Roggen

Roggen kann kein Gluten bilden. Trotzdem können Menschen mit Zöliakie (Glutenintoleranz) keinen Roggen essen. Roggen enthält ein Protein, Sekalin, das dem Gliadin des Weizens so stark ähnelt, dass es bei Glutenintoleranten die gleiche Immunreaktion in Gang setzt. Roggen enthält Schleimstoffe, Pentosane, die in Flüssigkeit quellen. Sie hemmen die Kopplungen zwischen den Proteinen, sodass kein Gluten gebildet wird. Deshalb ist es schwer, ein Brot aus reinem Roggen zu backen. Ich verwende ihn als Würzmittel und Strukturgeber.

Hafer

Hafer bildet wie Roggen kein Gluten. Das Protein des Hafers, Avenin, vertragen auch Menschen mit Zöliakie. Hafer ist kein Getreide, das wie Weizen Elastizität verleiht, es gibt dem Brot jedoch einen richtig herrlichen, etwas buttrigen Geschmack.

Verschiedene Fabrikate und Produzenten

Bekommt man dasselbe Resultat, egal, welches Fabrikat man beim Mehl benutzt? Diese Frage habe ich mir gestellt und verschiedene getestet. Ich bin zu dem Schluss gekommen, dass die Fabrikate der meisten Produzenten im Großen und Ganzen dasselbe Resultat bringen. Man kann gewisse Unterschiede feststellen, aber nicht so, dass es problematisch wird. Auch keiner meiner Testbäcker hat damit Probleme gehabt. Ich habe versucht, alle Fabrikate zu verwenden, die in den Läden erhältlich waren, als ich die Rezepte entwickelt habe, um sie möglichst wenig fehleranfällig zu machen. Mehl kann allerdings von Jahr zu Jahr unterschiedlich ausfallen, abhängig vom Wetter und von der Ernte.

WÜRZMITTEL

Bier

Bier und Roggen sind eine richtig gute Kombination, und Bier lässt sich problemlos als Teigflüssigkeit verwenden.

Samen und Nüsse

Sowohl Samen als auch Nüsse verleihen dem Brot Struktur und Geschmack. Sie sind allerdings etwas beschwerlich für die Glutenfäden, da sie der Struktur im Brot „im Weg" sind. Sie werden merken, dass das Brot mit vielen Samen im Teig beispielsweise nicht ganz so luftig wird.

Passierte Tomaten

Brot zu würzen kann manchmal schwierig sein, weil die Aromen leicht zu schwach werden. Wenn man passierte Tomaten als Teigflüssigkeit für ein Tomatenbrot verwendet, bekommt es einen viel intensiveren Geschmack.

Pesto

Pesto verleiht einem Teig sowohl Aroma als auch Farbe und ist ein richtiger Favorit für beispielsweise Büffetbrot.

Kakao

Ob Sie es glauben oder nicht: Kakao passt unglaublich gut zu fein gemahlenem Roggenmehl.

Blaubeeren und Preiselbeeren

Kalt gerührte Preiselbeeren geben dem Brot einen feinen Geschmack, gehen aber völlig in der Struktur des Brotes auf. Wenn sie intakter bleiben sollen, sollten Beeren am besten tiefgefroren in den Teig eingerührt werden.

TECHNIK

EINEN LÄNGLICHEN LAIB FORMEN

Meist möchte man ein Brot, das schön aufgeht und nicht zerfließt und platt wird. Das gelingt, wenn man das Glutennetz ausnutzt und aufspannt, damit der Teig sich selbst zusammenhält.

Die Ränder zueinander hin falten, um die äußerste Teigschicht zu spannen.

Dann den Teig wie eine Roulade rollen und die Fuge nach unten legen.

EINEN RUNDEN LAIB FORMEN

Um ein rundes Brot zu formen, faltet man rundherum alle Ränder nach innen. Dann dreht man den Teig mit der Fuge nach unten und formt ihn mit der ganzen Hand oder mit beiden Händen in kreisenden Bewegungen rund.

CROISSANTS AUSROLLEN

- Die Butter auf die eine Hälfte des Teigs legen.
- Den Teig über die Butter falten und die Ränder zusammendrücken, sodass keine Butter herausquellen kann.
- Den Teig in Frischhaltefolie wickeln und für 20–30 Minuten in den Kühlschrank legen.
- Den Teig zu einem Rechteck von 30 × 50 cm ausrollen. Dabei aufpassen, dass er nicht reißt, am besten oben leicht mit Mehl bestäuben, sodass die Teigrolle nicht kleben bleibt.
- Das Mehl abfegen und den Teig dreifach zusammenfalten.
- Den Teig erneut in Frischhaltefolie wickeln und für 20–30 Minuten in den Kühlschrank legen.
- Den Teig zu einem 30 × 60 cm großen Rechteck ausrollen und in 8–12 Dreiecke schneiden.
- Jedes Dreieck von der breitesten Seite aus einrollen.
- Alle gerollten Croissants mit der Fuge nach unten legen.

ÜBER-NACHT-BROT

ÜBER-NACHT-BROT

Lassen Sie den Teig gehen, während Sie schlafen. Das ist meine liebste Art zu backen!

Einer der großen Vorteile der langen Gehzeit ist, dass das Brot nach viel mehr schmeckt. Genau wie Käse durch Lagerung aromatischer wird und ein deftiger Eintopf seine Zeit braucht, schmeckt Brot, das langsam und lange gegangen ist, viel, viel intensiver. Auch wenn die Hefe nicht so aktiv ist, beispielsweise wenn der Teig im Kühlschrank geht, bilden die Milchsäurebakterien weiter Geschmacksstoffe im Teig. Wenn die Hefe aktiv ist, hilft das Ethanol, das sie bildet, dabei, die Geschmacksstoffe (Ester) im Teig hervorzubringen. Andere Vorteile sind, dass der Teig leichter zu bearbeiten wird und das Brot mit Gluten diese herrliche Elastizität bekommt, die wir so lieben. Ich treffe viele, die sich fragen, warum Baguettes aus Handwerksbäckereien eine so wunderbare Konsistenz haben, während die selbstgebackenen kompakt und langweilig werden. Ein Teil der Erklärung ist, dass der Teig laut vieler Rezepte nur eine halbe Stunde gehen soll – aber dann wird das Resultat leider dementsprechend.

Die Hefe ernährt sich von Zucker, was bewirkt, dass der Großteil des Zuckers, der sich im Teig befindet, verschwunden ist, wenn der Teig so lange geht. Auch wenn man also teilweise Zucker in den Brotteig gibt, ist das dem Brot am Ende kaum noch anzumerken.

Und außerdem müssen Sie nicht um 3 Uhr früh aufstehen, um ein frisch gebackenes Brot zum Sonntagsfrühstück zu bekommen!

ÜBER-NACHT-DINKELBRÖTCHEN

Diese Brötchen sind mit das Einfachste, das man für ein leckeres Frühstück machen kann – sie erfordern minimalen Einsatz und gehen, während man schläft.

6 Stück

frische Hefe, erbsengroß
10 g Honig
300 g kaltes Wasser
100 g Vollkorndinkelmehl
300 g gesiebtes Dinkelmehl
1 ½ TL Salz

Tag 1

- Eine Schüssel auf die Waage und die Waage auf null stellen.
- Die Hefe und den Honig im Wasser auflösen.
- Die übrigen Zutaten abwiegen: Direkt aus der Packung in die Schüssel geben und die Waage nach jeder Zutat wieder auf null stellen.
- Den Teig per Hand mit einem Kochlöffel oder Gummilöffel zusammenrühren.
- Die Schüssel mit einem Deckel oder Frischhaltefolie bedecken.
- Den Teig bei Zimmertemperatur 10–12 Stunden gehen lassen.

Tag 2

- Ein Backblech mit Backpapier belegen.
- Den Ofen auf 250 °C Heißluft vorheizen.
- Den Teig mithilfe von 2 Löffeln zu 6 Brötchen formen und auf das Backblech legen. Nach Belieben leicht mit Dinkelmehl bestäuben.
- Wenn der Ofen heiß ist, das Blech auf mittlerer Schiene hineinstellen.
- Die Brötchen bei 250 °C Heißluft 13 Minuten backen.

ÜBER-NACHT-ROGGENBRÖTCHEN

Herrlich aromatische Brötchen mit etwas Süße!

6 Stück

frische Hefe, erbsengroß
300 g kaltes Wasser
10 g dunkler Sirup (alternativ z.B. Melasse)
50 g grob gemahlenes Roggenvollkornmehl
300 g Weizenmehl Type 850
1 ½ TL Salz

Tag 1

- Eine Schüssel auf die Waage und die Waage auf null stellen.
- Die Hefe im Wasser auflösen.
- Die übrigen Zutaten abwiegen: Direkt aus der Packung in die Schüssel geben und die Waage nach jeder Zutat wieder auf null stellen.
- Den Teig per Hand mit einem Kochlöffel oder Gummilöffel zusammenrühren.
- Die Schüssel mit einem Deckel oder Frischhaltefolie bedecken.
- Den Teig bei Zimmertemperatur 10–12 Stunden gehen lassen.

Tag 2

- Ein Backblech mit Backpapier belegen.
- Den Ofen auf 250 °C Heißluft vorheizen.
- Den Teig mithilfe von 2 Löffeln zu 6 Brötchen formen und auf das Backblech legen. Nach Belieben leicht mit Roggenmehl bestäuben.
- Wenn der Ofen heiß ist, das Blech auf mittlerer Schiene hineinstellen.
- Die Brötchen bei 250 °C Heißluft 13 Minuten backen.

ÜBER-NACHT-CRANBERRYBRÖTCHEN

Die Süße von Cranberrys zusammen mit knusprigen Sonnenblumenkernen.

6 Stück

frische Hefe, erbsengroß
300 g kaltes Wasser
50 g grob gemahlenes Roggenvollkornmehl
350 g Weizenmehl Type 850
1 ½ TL Salz
50 g Sonnenblumenkerne
100 g getrocknete Cranberrys

Tag 1

- Eine Schüssel auf die Waage und die Waage auf null stellen.
- Die Hefe im Wasser auflösen.
- Die übrigen Zutaten abwiegen: Direkt aus der Packung in die Schüssel geben und die Waage nach jeder Zutat wieder auf null stellen.
- Den Teig per Hand mit einem Kochlöffel oder Gummilöffel zusammenrühren.
- Die Schüssel mit einem Deckel oder Frischhaltefolie bedecken.
- Den Teig bei Zimmertemperatur 10–12 Stunden gehen lassen.

Tag 2

- Ein Backblech mit Backpapier belegen.
- Den Teig in sechs Stücke teilen, zu runden Brötchen rollen und auf das Blech legen.
- Die Brötchen auf dem Blech 30 Minuten gehen lassen.
- Den Ofen auf 250 °C Heißluft vorheizen.
- Wenn der Ofen heiß ist, das Blech auf mittlerer Schiene hineinstellen.
- Die Brötchen bei 250 °C Heißluft 13 Minuten backen.

ÜBER-NACHT-BLAUBEERBROT

Dieses Brot ist frisch gebacken mit Frischkäse zum Sonntagsfrühstück einfach wunderbar! Die Blaubeeren sind farblich wie geschmacklich ein Plus.

1 Brot

frische Hefe, erbsengroß
300 g kaltes Wasser
30 g Rapsöl
100 g Weizenmehl Type 1600
300 g Sommerweizenmehl (alternativ Weizenmehl Type 850)
1 ½ TL Salz
100 g gefrorene Blaubeeren

ofenfester Topf mit Deckel, 5 Liter Volumen
Rapsöl

Tag 1

- Eine Schüssel auf die Waage und die Waage auf null stellen.
- Die Hefe im Wasser auflösen.
- Die übrigen Zutaten bis auf die Blaubeeren abwiegen: Direkt aus der Packung in die Schüssel geben und die Waage nach jeder Zutat wieder auf null stellen.
- Den Teig in einer Teigknetmaschine oder einer Küchenmaschine bei niedriger Geschwindigkeit 10 Minuten kneten.
- Die gefrorenen Blaubeeren vorsichtig in den Teig mischen.
- Die Schüssel mit einem Deckel oder Frischhaltefolie bedecken.
- Den Teig bei Zimmertemperatur 10–12 Stunden gehen lassen.

Tag 2

- Den Ofen auf 230 °C vorheizen und einen großen Topf mit Deckel hineinstellen, der mit dem Ofen erhitzt wird.
- Wenn der Ofen heiß ist, den Topf herausnehmen und 2–3 EL Rapsöl auf den Boden gießen.
- Den Teig in den Topf füllen und oben mit Weizenmehl bestäuben.
- Den Topf mit geschlossenem Deckel auf der untersten Schiene in den Ofen stellen.
- Bei geschlossenem Deckel 20 Minuten backen, anschließend den Deckel abnehmen und weitere 20 Minuten backen.

ÜBER-NACHT-KÜRBISKERNBRÖTCHEN

Kürbiskernmehl ist herrlich nussig im Geschmack, und die Kürbiskerne verleihen den Über-Nacht-Brötchen Knusprigkeit.

6 Stück

frische Hefe, erbsengroß
15 g Honig
400 g kaltes Wasser
50 g Kürbiskernmehl
400 g gesiebtes Dinkelmehl
50 g Kürbiskerne
1 ½ TL Salz

Tag 1

- Eine Schüssel auf die Waage und die Waage auf null stellen.
- Die Hefe und den Honig im Wasser auflösen.
- Die übrigen Zutaten abwiegen: Direkt aus der Packung in die Schüssel geben und die Waage nach jeder Zutat wieder auf null stellen.
- Den Teig per Hand mit einem Kochlöffel oder Gummilöffel zusammenrühren.
- Die Schüssel mit einem Deckel oder Frischhaltefolie bedecken.
- Den Teig bei Zimmertemperatur 10–12 Stunden gehen lassen.

Tag 2

- Den Ofen auf 230 °C Heißluft vorheizen. Ein Backblech auf den Boden stellen (um Wasser hineinzugießen).
- Ein anderes Backblech mit Backpapier belegen.
- Den Teig mithilfe von 2 Löffeln zu 6 Brötchen formen und auf das Backblech legen. Nach Belieben leicht mit Roggenmehl bestäuben.
- Wenn der Ofen heiß ist, das Blech mit den Brötchen auf mittlerer Schiene hineinstellen und gleichzeitig ca. 100 ml Wasser in das Blech auf dem Boden des Ofens gießen, sodass sich Wasserdampf bildet.
- Die Brötchen ca. 13 Minuten backen.

ÜBER-NACHT-TEEGEBÄCK MIT HAFER

Hafer verleiht den Brötchen eine besondere Weichheit und Süße, die sehr gut zu dem Brotgewürz passt.

9 Stück

10 g frische Hefe
350 g Milch
50 g zimmerwarme Butter
20 g heller Sirup (alternativ z. B. heller Zuckerrübensirup)
1 TL Brotgewürz
1 ½ TL Salz
100 g Hafermehl
400 g Weizenmehl Type 850

Tag 1

- Eine Schüssel auf die Waage und die Waage auf null stellen.
- Die Hefe in der Milch auflösen.
- Die übrigen Zutaten abwiegen: Direkt aus der Packung in die Schüssel geben und die Waage nach jeder Zutat wieder auf null stellen.
- Den Teig in einer Teigknetmaschine oder einer Küchenmaschine bei niedriger Geschwindigkeit 10 Minuten kneten.
- Die Schüssel mit einem Deckel oder Frischhaltefolie bedecken.
- Den Teig bei Zimmertemperatur 10–12 Stunden gehen lassen.

Tag 2

- Ein Blech mit Backpapier belegen.
- Den Ofen auf 250 °C Heißluft vorheizen.
- Den Teig auf eine leicht bemehlte Fläche stürzen und in 9 Stücke teilen.
- Zu runden Kugeln formen und auf das Blech legen.
- Die Teigkugeln mit feuchten Händen etwas flach drücken.
- 30 Minuten gehen lassen.
- Die Brötchen auf mittlerer Schiene bei 250 °C Heißluft 13 Minuten backen.

ÜBER-NACHT-BLECHSCHNITTEN

Buttrige Schnitten vom Blech, die für viele reichen!

16 Stück

frische Hefe, erbsengroß
500 g kaltes Wasser
100 g dunkler Sirup (alternativ z.B. Melasse)
½ TL Brotgewürz
2 TL Salz
50 g Rapsöl
100 g kalte Butter (mit einem Käsehobel dünn gehobelt)
150 g Hafermehl
700 g Weizenmehl Type 850

Rapsöl für das Blech

Tag 1

- Eine Schüssel auf die Waage und die Waage auf null stellen.
- Die Hefe im Wasser auflösen.
- Die übrigen Zutaten abwiegen: Direkt aus der Packung in die Schüssel geben und die Waage nach jeder Zutat wieder auf null stellen.
- Den Teig in einer Teigknetmaschine oder einer Küchenmaschine bei niedriger Geschwindigkeit 10 Minuten kneten.
- Die Schüssel mit einem Deckel oder Frischhaltefolie bedecken.
- Den Teig bei Zimmertemperatur 1 Stunde gehen lassen.
- Ein Blech mit Backpapier belegen. Ein paar Esslöffel Rapsöl auf dem Backpapier verteilen.
- Den Teig auf das Blech geben, mit etwas Öl beträufeln und zu einer Größe von 30 × 20 cm flach drücken.
- In 16 Stücke schneiden.
- Mit etwas Weizenmehl bestreuen und das ganze Blech mit Frischhaltefolie bedecken.
- Bei Zimmertemperatur 10–12 Stunden gehen lassen.

Tag 2

- Den Ofen auf 230 °C Heißluft vorheizen und die Schnitten 20 Minuten backen.

ÜBER-NACHT-WALNUSSBROT

Ein Walnussbrot für das Wochenendfrühstück; passt wunderbar zu Marmelade und einem guten Käse!

1 Brot

frische Hefe, erbsengroß
300 g kaltes Wasser
350 g Weizenmehl Type 1600
1 ½ TL Salz
80 g Walnüsse

ofenfester Topf mit Deckel, 5 Liter Volumen
Rapsöl

Tag 1

- Eine Schüssel auf die Waage und die Waage auf null stellen.
- Die Hefe im Wasser auflösen.
- Die übrigen Zutaten bis auf die Walnüsse abwiegen: Direkt aus der Packung in die Schüssel geben und die Waage nach jeder Zutat wieder auf null stellen.
- Den Teig in einer Teigknetmaschine oder einer Küchenmaschine bei niedriger Geschwindigkeit 10 Minuten kneten.
- Die Walnüsse abwiegen und vorsichtig in den Teig mischen.
- Die Schüssel mit einem Deckel oder Frischhaltefolie bedecken.
- Den Teig bei Zimmertemperatur 10–12 Stunden gehen lassen.

Tag 2

- Den Ofen auf 230 °C Heißluft vorheizen und einen großen Topf mit Deckel hineinstellen, der mit dem Ofen erhitzt wird.
- Wenn der Ofen heiß ist, den Topf herausnehmen und 2–3 EL Rapsöl auf den Boden geben.
- Den Teig in den Topf füllen und oben mit Weizenmehl bestäuben.
- Den Topf mit geschlossenem Deckel auf der untersten Schiene in den Ofen stellen.
- Bei geschlossenem Deckel 15 Minuten backen, anschließend den Deckel abnehmen und weitere 15 Minuten backen.

ÜBER-NACHT-PIZZATEIG

Pizzateig ist so viel einfacher zu formen, wenn er lange gehen durfte.

4 Stück

5 g frische Hefe
300 g kaltes Wasser
20 g Rapsöl
1 ½ TL Salz
200 g Weizenmehl Type 1600
250 g Weizenmehl Type 850

Tag 1

- Eine Schüssel auf die Waage und die Waage auf null stellen.
- Die Hefe im Wasser auflösen.
- Die übrigen Zutaten abwiegen: Direkt aus der Packung in die Schüssel geben und die Waage nach jeder Zutat wieder auf null stellen.
- Den Teig in einer Teigknetmaschine oder einer Küchenmaschine bei niedriger Geschwindigkeit 10 Minuten kneten.
- Die Schüssel mit einem Deckel oder Frischhaltefolie bedecken.
- Den Teig bei Zimmertemperatur 1 Stunde gehen lassen.
- In 4 Stücke teilen und jedes zu einer Kugel formen.
- Die Kugeln jeweils in eine kleine Schüssel mit Deckel oder zusammen in eine größere Form mit viel Zwischenraum legen, damit sie beim Gehen nicht zusammenkleben. Mit Frischhaltefolie bedecken und in den Kühlschrank stellen.
- Den Teig im Kühlschrank 12–24 Stunden gehen lassen.

Tag 2

- Den Ofen auf 250 °C Heißluft vorheizen.
- Ein Blech oder einen Pizzastein hineinstellen, der mit dem Ofen erhitzt wird.
- Die Pizzen nacheinander auf mittlerer Schiene 7–12 Minuten backen, bis der Boden knusprig ist.

ÜBER-NACHT-BAGUETTE

Landbaguettes mit herrlich knuspriger Oberfläche und weichem Inneren.

2 Stück

frische Hefe, erbsengroß
300 kaltes Wasser
100 g Dinkelvollkornmehl
300 g gesiebtes Dinkelmehl Type 1050
1 TL Salz

Tag 1

- Eine Schüssel auf die Waage und die Waage auf null stellen.
- Die Hefe im Wasser auflösen.
- Die übrigen Zutaten abwiegen: Direkt aus der Packung in die Schüssel geben und die Waage nach jeder Zutat wieder auf null stellen.
- Den Teig per Hand mit einem Kochlöffel oder Gummilöffel zusammenrühren.
- Die Schüssel mit einem Deckel oder Frischhaltefolie bedecken.
- Den Teig bei Zimmertemperatur 10–12 Stunden gehen lassen.

Tag 2

- Ein Baguetteblech bereitstellen oder ein Backblech mit Backpapier belegen.
- Den Ofen auf 250 °C Heißluft vorheizen. Ein Blech auf die unterste Schiene stellen.
- Den Teig auf eine bemehlte Arbeitsfläche stürzen und wie ein Paket zusammenfalten.
- Den Teig wenden und in zwei Stücke teilen, die Stücke zu Baguettes ziehen und auf das Backblech legen.
- Wenn der Ofen heiß ist, das Backblech auf mittlerer Schiene hineinschieben.
- Wasser in den Ofen sprühen oder spritzen.
- Die Baguettes bei 230–250 °C Heißluft 18–20 Minuten backen, sodass sie eine schöne Farbe bekommen, aber nicht verbrennen.

ALLTAGSBROT

TOASTBROT

Mit Vollkorn wird das Brot beim Toasten knuspriger.
Das hier mag ich am liebsten!

1 Brot

25 g frische Hefe
350 g kalte Milch
50 g zimmerwarme Butter
100 g Weizenmehl Type 1600
400 g Weizenmehl Type 850
1 ½ TL Salz
1 TL Zucker

1 Brotbackform, 1 ½ Liter
Butter für die Form

- Eine Schüssel auf die Waage und die Waage auf null stellen.
- Die Hefe in der Milch auflösen.
- Die übrigen Zutaten abwiegen: Direkt aus der Packung in die Schüssel geben und die Waage nach jeder Zutat wieder auf null stellen.
- Den Teig in einer Teigknetmaschine oder einer Küchenmaschine bei niedriger Geschwindigkeit 10 Minuten kneten.
- Die Schüssel mit einem Deckel oder Frischhaltefolie bedecken.
- Den Teig bei Zimmertemperatur 1 ½ Stunden gehen lassen.
- Die Brotbackform mit Butter einfetten.
- Den Teig zu einem länglichen Laib formen, siehe Seite 43.
- Den Laib in die Form legen und 1 Stunde gehen lassen.
- Den Ofen auf 230 °C Heißluft vorheizen.
- Wenn der Ofen heiß ist, das Brot auf der untersten Schiene hineinstellen
- Bei 230 °C Heißluft 30 Minuten backen.
- Das Brot mit Wasser besprühen oder bepinseln, wenn es aus dem Ofen kommt.

PESTOBROT

Pesto und Olivenöl machen dieses Brot zu einem eigenen Gericht.
Ein Favorit fürs Buffet!

1 Brot

15 g frische Hefe
300 g kaltes Wasser
10 g Olivenöl
50 g Weizenmehl Type 1600
400 g Weizenmehl Type 850
1 ½ TL Salz

3–4 EL Pesto
1 Brotbackform, 1 ½ Liter
Butter für die Form

- Eine Schüssel auf die Waage und die Waage auf null stellen.
- Die Hefe im Wasser auflösen.
- Die übrigen Zutaten abwiegen: Direkt aus der Packung in die Schüssel geben und die Waage nach jeder Zutat wieder auf null stellen.
- Den Teig in einer Teigknetmaschine oder einer Küchenmaschine bei niedriger Geschwindigkeit 10 Minuten kneten.
- Die Schüssel mit einem Deckel oder Frischhaltefolie bedecken.
- Den Teig bei Zimmertemperatur 1 Stunde gehen lassen.
- Die Brotbackform mit Butter einfetten.
- Den Teig auf eine bemehlte Fläche stürzen und zu einem ca. 20 × 30 cm großen Rechteck ausrollen.
- Mit Pesto bestreichen und den Teig wie eine Biskuitrolle zusammenrollen.
- Den Teig der Länge nach in zwei gleich große Stücke teilen.
- Die beiden Stücke ein paarmal eindrehen und nebeneinander in eine Brotbackform legen.
- Bei Zimmertemperatur 1 Stunde gehen lassen.
- Den Ofen auf 230 °C Heißluft vorheizen.
- Wenn der Ofen heiß ist, das Brot auf die unterste Schiene stellen.
- Bei 230 °C Heißluft 30 Minuten backen.

EINFACHES TOPFBROT

Brot aus dem Topf wird saftig und behält die Form.

1 Brot

25 g frische Hefe
500 g kaltes Wasser
20 g dunkler Sirup (alternativ z.B. Melasse)
450 g Weizenmehl
200 g grob gemahlenes Roggenvollkornmehl
1 ½ TL Salz

ofenfester Topf mit Deckel, 6–7 Liter Volumen

- Eine Schüssel auf die Waage und die Waage auf null stellen.
- Die Hefe im Wasser auflösen.
- Die übrigen Zutaten abwiegen: Direkt aus der Packung in die Schüssel geben und die Waage nach jeder Zutat wieder auf null stellen.
- Den Teig in einer Teigknetmaschine oder einer Küchenmaschine bei niedriger Geschwindigkeit 10 Minuten kneten.
- Die Schüssel mit einem Deckel oder Frischhaltefolie bedecken.
- Den Teig bei Zimmertemperatur 1 Stunde gehen lassen.
- Den Ofen auf 230 °C Heißluft vorheizen und einen großen Topf mit Deckel hineinstellen, der mit dem Ofen erhitzt wird.
- Wenn der Ofen heiß ist, den Topf herausnehmen und ein Backpapier auf den Boden des Topfs legen.
- Den Teig in den Topf füllen und oben mit Weizenmehl bestäuben.
- Den Topf mit geschlossenem Deckel auf der untersten Schiene in den Ofen stellen.
- Bei geschlossenem Deckel 30 Minuten backen, anschließend den Deckel abnehmen und weitere 20 Minuten backen.

KNEIPPBROT

Halbgrobes Brot, das an jedem Wochentag passt.

2 Brote

25 g frische Hefe
500 g kaltes Wasser
25 g zimmerwarme Butter
25 g heller Sirup (alternativ z.B. heller Zuckerrübensirup)
250 g Weizenmehl Type 1600
450 g Weizenmehl Type 850
2 TL Salz

- Eine Schüssel auf die Waage und die Waage auf null stellen.
- Die Hefe im Wasser auflösen.
- Die übrigen Zutaten abwiegen: Direkt aus der Packung in die Schüssel geben und die Waage nach jeder Zutat wieder auf null stellen.
- Den Teig in einer Teigknetmaschine oder einer Küchenmaschine bei niedriger Geschwindigkeit 10 Minuten kneten.
- Die Schüssel mit einem Deckel oder Frischhaltefolie bedecken.
- Den Teig bei Zimmertemperatur 1 Stunde gehen lassen.
- Ein Blech mit Backpapier belegen.
- Den Teig in zwei Stücke teilen und zu länglichen Laiben formen, siehe Seite 43.
- Die Laibe auf das Backblech legen und 40 Minuten gehen lassen.
- Den Ofen auf 230 °C Heißluft vorheizen.
- Wenn der Ofen heiß ist, das Brot auf der untersten Schiene hineinschieben.
- Bei 230 °C Heißluft 30 Minuten backen.

TOMATENFOCACCIA

Ein Brot, das wirklich nach Tomate schmeckt und gut zu Suppen oder auf ein Büffet passt.

1 Brot

25 g frische Hefe
500 g passierte Tomaten
2 TL Salz
2 EL getrockneter Oregano
1 EL Zucker
50 g zimmerwarme Butter
150 g feines Roggenmehl
500 g Weizenmehl Type 850

Olivenöl
5–6 sonnengetrocknete Tomaten in Öl
100 g Feta
1 EL Salzflocken

- Eine Schüssel auf die Waage und die Waage auf null stellen.
- Die Hefe in den passierten Tomaten auflösen.
- Die übrigen Zutaten für den Teig abwiegen: Direkt aus der Packung in die Schüssel geben und die Waage nach jeder Zutat wieder auf null stellen.
- Den Teig in einer Teigknetmaschine oder einer Küchenmaschine bei niedriger Geschwindigkeit 10 Minuten kneten.
- Die Schüssel mit einem Deckel oder Frischhaltefolie bedecken.
- Den Teig bei Zimmertemperatur 1 ½ Stunden gehen lassen.
- Ein Blech mit Backpapier belegen und ein paar Esslöffel Olivenöl darauf verteilen.
- Den Teig auf das Blech geben, mit etwas Olivenöl beträufeln und zu einem Rechteck von 30 × 20 cm flachdrücken.
- 1 Stunde gehen lassen.
- Den Ofen auf 230 °C Heißluft vorheizen.
- Die Finger in den aufgegangenen Teig drücken, sodass sich viele Vertiefungen bilden, und mit noch mehr Olivenöl beträufeln.
- Die sonnengetrockneten Tomaten hacken und den Feta in kleinere Stücke zerteilen.
- Die Tomaten und den Feta in den Teig drücken.
- Mit Salzflocken bestreuen.
- Wenn der Ofen heiß ist, das Brot auf der untersten Schiene hineinschieben.
- Bei 230 °C Heißluft 20 Minuten backen.

PREISELBEERLAIB

Roggenschrot und kaltgerührte Preiselbeeren in Kombination mit grobem Roggenmehl und Sirup machen dieses Brot besonders saftig und lecker.

1 Brot

25 g frische Hefe
300 g kaltes Wasser
150 g kaltgerührte Preiselbeeren
50 g Roggenschrot
50 g dunkler Sirup (alternativ z.B. Melasse)
100 g grob gemahlenes Roggenvollkornmehl
400 g Weizenmehl Type 850
2 TL Salz

1 Brotbackform, 1 ½ Liter
Butter für die Form

- Eine Schüssel auf die Waage und die Waage auf null stellen.
- Die Hefe im Wasser auflösen.
- Die übrigen Zutaten abwiegen: Direkt aus der Packung in die Schüssel geben und die Waage nach jeder Zutat wieder auf null stellen.
- Den Teig in einer Teigknetmaschine oder einer Küchenmaschine bei niedriger Geschwindigkeit 10 Minuten kneten.
- Die Schüssel mit einem Deckel oder Frischhaltefolie bedecken.
- Den Teig bei Zimmertemperatur 2 Stunden gehen lassen.
- Die Brotbackform mit Butter einfetten und mit Roggenmehl bestäuben. Den Teig hineingeben.
- Die Hände mit Wasser anfeuchten und den Teig in der Form flach drücken. Mit Roggenmehl bestreuen.
- Ca. 30 Minuten gehen lassen, bis der Teig den Rand der Form erreicht.
- Den Ofen auf 200 °C Heißluft vorheizen.
- Wenn der Ofen heiß ist, das Brot auf der untersten Schiene hineinschieben.
- Bei 200 °C Heißluft 1 Stunde backen.

NUSSBROT

Ein Brot ganz ohne Mehl auf der Basis von Nüssen und Samen. Knusprig und lecker!

1 Brot

100 g ganze Haselnüsse
200 g Kürbiskerne
50 g Mohnsamen
50 g ganze Leinsamen
50 g Sonnenblumenkerne
1 TL Salz
50 g Rapsöl
5 Eier

Brotbackform, 1 ½ Liter
Butter für die Form

- Den Ofen auf 150 °C Heißluft vorheizen.
- Eine Brotbackform mit 1 ½ Liter Volumen mit Butter einfetten.
- Eine Schüssel auf die Waage und die Waage auf null stellen.
- Die trockenen Zutaten abwiegen: Direkt aus der Packung in die Schüssel geben und die Waage nach jeder Zutat wieder auf null stellen.
- Die trockenen Zutaten gut vermischen.
- Das Rapsöl und die Eier hinzufügen.
- Mit einem Kochlöffel oder Gummilöffel zu einem gleichmäßigen Teig vermischen.
- Den Teig in die Form geben und mithilfe des Gummilöffels glatt streichen.
- Das Brot auf der untersten Schiene in den heißen Ofen stellen und bei 150 °C Heißluft 1 Stunde backen.

BURGER BUNS

Das Vollkornmehl macht die Burger Buns aromatischer und weicher

8 Stück

25 g frische Hefe
250 g kalte Milch
100 g zimmerwarme Butter
1 Ei (60 g)
450 g Weizenmehl Type 1600
2 TL Salz

schwarze Sesamsamen

- Eine Schüssel auf die Waage und die Waage auf null stellen.
- Die Hefe in der Milch auflösen.
- Die übrigen Zutaten bis auf die Sesamsamen abwiegen: Direkt aus der Packung in die Schüssel geben und die Waage nach jeder Zutat wieder auf null stellen.
- Den Teig in einer Teigknetmaschine oder einer Küchenmaschine bei niedriger Geschwindigkeit 10 Minuten kneten.
- Die Schüssel mit einem Deckel oder Frischhaltefolie bedecken.
- Den Teig bei Zimmertemperatur 1 ½ Stunden gehen lassen.
- Ein Blech mit Backpapier belegen.
- Den Teig in 8 Stücke teilen und zu Kugeln formen.
- Die Kugeln auf das Blech legen und flach drücken.
- Die Buns mit Wasser besprühen und mit Sesamsamen bestreuen.
- Bei Zimmertemperatur 30 Minuten gehen lassen.
- Den Ofen auf 230 °C Heißluft vorheizen.
- Wenn der Ofen heiß ist, das Blech auf mittlerer Schiene hineinschieben.
- Die Buns bei 230 °C Heißluft 15 Minuten backen.

MINIBAGUETTES MIT SAMEN

Samen zusammen mit dem Geschmack von Honig – herrlich!

4 Stück

10 g frische Hefe
20 g Honig
250 g kaltes Wasser
1 ½ TL Salz
300 g Weizenmehl Type 1600

Mohnsamen, Kürbiskerne,
Sonnenblumenkerne

- Eine Schüssel auf die Waage und die Waage auf null stellen.
- Die Hefe und den Honig im Wasser auflösen.
- Die übrigen Zutaten abwiegen: Direkt aus der Packung in die Schüssel geben und die Waage nach jeder Zutat wieder auf null stellen.
- Den Teig in einer Teigknetmaschine oder einer Küchenmaschine bei niedriger Geschwindigkeit 10 Minuten kneten.
- Die Schüssel mit einem Deckel oder Frischhaltefolie bedecken.
- Den Teig bei Zimmertemperatur 2 Stunden gehen lassen.
- Ein Blech mit Backpapier belegen.
- Den Teig in 4 Stücke teilen und zu kleinen Baguettes mit spitz zulaufenden Enden formen.
- Die Baguettes mit Wasser besprühen und mit Samen bestreuen.
- Die Baguettes auf das Blech legen und 30 Minuten gehen lassen.
- Den Ofen auf 230–250 °C Heißluft vorheizen.
- Wenn der Ofen heiß ist, die Baguettes auf mittlerer Schiene hineinschieben.
- Die Baguettes bei 230–250 °C Heißluft 15 Minuten backen.

VOLLKORN-SCONES

Scones werden mit Vollkornmehl unglaublich lecker!

2 große Scones

100 g Vollkornweizenmehl
300 g Weizenmehl
1 TL Salz
2 TL Backpulver
150 g kalte Butter
200 g kalte Milch

- Den Ofen auf 200 °C Heißluft vorheizen.
- Ein Blech mit Backpapier belegen.
- Eine Schüssel auf die Waage und die Waage auf null stellen.
- Die trockenen Zutaten abwiegen: Direkt aus der Packung in die Schüssel geben und die Waage nach jeder Zutat wieder auf null stellen.
- Die trockenen Zutaten gut vermischen und in eine Küchenmaschine mit Messern geben.
- Die Butter in Stücken hinzufügen.
- Die Zutaten in der Küchenmaschine zerkleinern, bis die Butter sich gut mit der Masse vermengt hat.
- Die Milch hinzufügen und 15–30 Sekunden zu einem gleichmäßigen Teig weiterverarbeiten.
- Den Teig in zwei Stücke teilen und mit feuchten Händen zu Kugeln rollen.
- Beide Kugeln auf das Blech legen und flach drücken. Mit zwei Schnitten kreuzweise fast bis zum Boden einschneiden.
- Das Blech auf mittlerer Schiene in den heißen Ofen stellen und bei 200 °C Heißluft 20 Minuten backen.

CROISSANTS

8–12 Stück

25 g frische Hefe
150 g kaltes Wasser
150 g kalte Milch
15 g Zucker
2 TL Salz
50 g kalte Butter (mit einem Käsehobel dünn gehobelt)
20 g Öl
200 g Weizenmehl Type 1600
300 g Weizenmehl Type 850

250 g kalte Butter zum Ausrollen
1 Ei zum Bestreichen
schwarze oder weiße Sesamsamen zum Bestreuen (optional)

- Die Butter zum Ausrollen in 8 Würfel schneiden. Dicht nebeneinander auf die eine Hälfte eines Backpapiers legen. Die andere Hälfte darüberfalten und mit der Teigrolle darüberrollen, sodass die Würfel zu einem Rechteck zusammengedrückt werden. In den Kühlschrank stellen, bis der Teig ausgerollt wird.
- Eine Schüssel auf die Waage und die Waage auf null stellen.
- Die Hefe im Wasser und der Milch auflösen.
- Die übrigen Zutaten abwiegen: Direkt aus der Packung in die Schüssel geben und die Waage nach jeder Zutat wieder auf null stellen.
- Den Teig in einer Teigknetmaschine oder einer Küchenmaschine bei niedriger Geschwindigkeit 10 Minuten kneten.
- Die Schüssel mit einem Deckel oder Frischhaltefolie bedecken.
- Den Teig bei Zimmertemperatur 1 Stunde gehen lassen.
- Den Teig auf eine leicht bemehlte Fläche stürzen und zu einem 40 × 40 cm großen Quadrat ausrollen.
- Die Butter, die vorher zu einem Rechteck ausgerollt wurde, auf die eine Hälfte des Teigs legen.
- Den Teig über die Butter falten und die Ränder zusammendrücken, sodass keine Butter herausquellen kann.

- In Frischhaltefolie wickeln und für 20–30 Minuten in den Kühlschrank legen.
- Den Teig zu einem Rechteck von 30 × 50 cm ausrollen. Dabei aufpassen, dass er nicht reißt, am besten oben leicht mit Mehl bestäuben, sodass die Teigrolle nicht kleben bleibt.
- Das Mehl abfegen und den Teig dreifach zusammenfalten, siehe Seite 47. Den Teig erneut in Frischhaltefolie wickeln und für 20–30 Minuten in den Kühlschrank legen.
- Ein Blech mit Backpapier belegen.
- Den Teig zu einem 30 × 60 cm großen Rechteck ausrollen und in 8–12 Dreiecke schneiden.
- Jedes Dreieck von der breitesten Seite aus einrollen.
- Alle gerollten Croissants mit der Fuge nach unten legen.
- Die Croissants bei Zimmertemperatur 1 Stunde gehen lassen.
- Den Ofen auf 230 °C Heißluft vorheizen.
- Die Croissants mit verquirltem Ei bestreichen. Falls gewünscht, mit Sesam bestreuen.
- Wenn der Ofen heiß ist, das Blech auf mittlerer Schiene hineinschieben.
- Die Croissants bei 230 °C Heißluft 20 Minuten backen.
- Vor dem Essen etwas abkühlen lassen.

ERDNUSS-SCONES

Das einfachste Peanutbutter-&-Jam-Sandwich:
Meine Erdnuss-Scones mit Marmelade essen!

6–8 Stück

100 g Vollkorndinkelmehl
200 g gesiebtes Dinkelmehl
2 TL Backpulver
150 g Erdnussbutter
100 g kalte Butter
200 g kalte Schwedenmilch (im Reformhaus oder Bioladen erhältlich)

- Den Ofen auf 250 °C Heißluft vorheizen.
- Ein Blech mit Backpapier belegen.
- Eine Schüssel auf die Waage und die Waage auf null stellen.
- Die trockenen Zutaten abwiegen: Direkt aus der Packung in die Schüssel geben und die Waage nach jeder Zutat wieder auf null stellen.
- Die trockenen Zutaten gut vermischen und in eine Küchenmaschine mit Messern geben.
- Die Erdnussbutter und die Butter (in Stücken) hinzufügen.
- Die Zutaten in der Küchenmaschine zerkleinern, bis die Butter sich gut mit der Masse vermischt hat.
- Die Schwedenmilch hinzufügen und alles 15–30 Sekunden zu einem gleichmäßigen Teig weiterverarbeiten.
- Den Teig in 6–8 Stücke teilen und mit feuchten Händen zu Kugeln rollen.
- Die Kugeln auf das Blech legen und flach drücken.
- Das Blech auf mittlerer Schiene in den heißen Ofen stellen und bei 250 °C Heißluft 12 Minuten backen.

BROT MIT VIERKORNSCHROT

Ein saftiges Brot mit überbrühten Körnern!

2 Brote

Tag 1

150 g Vierkornschrot
kochendes Wasser

Tag 2

25 g Hefe
400 g kaltes Wasser
50 g dunkler Sirup (alternativ z. B. Melasse)
150 g grob gemahlenes Roggenvollkornmehl
700 g Weizenmehl Type 850
2 TL Salz

Tag 1

- Den Vierkornschrot abwiegen und mit kochendem Wasser übergießen.
- Die Schüssel mit einem Deckel oder Frischhaltefolie bedecken. Über Nacht stehen lassen.

Tag 2

- Das Wasser vom Überbrühen abgießen.
- Eine Schüssel auf die Waage und die Waage auf null stellen.
- Die Hefe im Wasser auflösen.
- Den überbrühten Schrot von Tag 1 hinzufügen.
- Die übrigen Zutaten abwiegen: Direkt aus der Packung in die Schüssel geben und die Waage nach jeder Zutat wieder auf null stellen.
- Den Teig in einer Teigknetmaschine oder einer Küchenmaschine bei niedriger Geschwindigkeit 10 Minuten kneten.
- Die Schüssel mit einem Deckel oder Frischhaltefolie bedecken.
- Den Teig bei Zimmertemperatur 1 Stunde gehen lassen.
- Ein Blech mit Backpapier belegen.
- Den Teig in 2 Stücke teilen und zu Laiben formen, siehe Seite 43.
- Die Laibe auf das Blech legen und 40 Minuten gehen lassen.
- Den Ofen auf 200 °C Heißluft vorheizen.
- Wenn der Ofen heiß ist, das Brot auf der untersten Schiene hineinschieben.
- Die Laibe bei 200 °C Heißluft 35 Minuten backen.

HAFERKNÄCKE MIT SAMEN

Das zarteste und knusprigste Knäckebrot,
das Sie sich vorstellen können!

2 Bleche

50 g Leinsamen
100 g Sonnenblumenkerne
150 g Kürbiskerne
50 g Sesamsamen
100 g Hafermehl
1 TL Salz
400 g kochendes Wasser

- Den Ofen auf 150 °C Heißluft vorheizen.
- 2 Bleche und 4 Blatt Backpapier bereitlegen.
- Eine Schüssel auf die Waage und die Waage auf null stellen.
- Die trockenen Zutaten abwiegen: Direkt aus der Packung in die Schüssel geben und die Waage nach jeder Zutat wieder auf null stellen.
- Die trockenen Zutaten gut vermischen.
- Das kochende Wasser unter Rühren hinzufügen, gerne mithilfe einer Teigknetmaschine oder einer Küchenmaschine.
- Den Teig gleichmäßig verrühren und 10 Minuten quellen lassen. Das ist wichtig, denn sonst hält der Teig nicht zusammen.
- Den Teig auf zwei Blättern Backpapier verteilen.
- Jeweils ein Backpapier darüberlegen und den Teig zwischen den Backpapieren ausrollen.
- Den Teig mitsamt den Backpapieren jeweils auf ein Blech legen.
- Die Bleche in den heißen Ofen stellen und bei 150 °C Heißluft 45 Minuten backen, dabei das obere Backpapier darauflassen. Dann das obere Backpapier abziehen und weitere 15 Minuten backen.
- Den Ofen abschalten und das Knäckebrot bei offener Ofentür am besten noch ein wenig darin stehen lassen.

SIRUPLAIB

Weich und süß!

2 Stück

25 g frische Hefe
500 g kalte Milch
50 g zimmerwarme Butter
100 g dunkler Sirup (alternativ z.B. Melasse)
200 g feines Roggenmehl
550 g Weizenmehl Type 850
2 TL Salz

- Eine Schüssel auf die Waage und die Waage auf null stellen.
- Die Hefe in der Milch auflösen.
- Die übrigen Zutaten abwiegen: Direkt aus der Packung in die Schüssel geben und die Waage nach jeder Zutat wieder auf null stellen.
- Den Teig in einer Teigknetmaschine oder einer Küchenmaschine bei niedriger Geschwindigkeit 10 Minuten kneten.
- Die Schüssel mit einem Deckel oder Frischhaltefolie bedecken.
- Den Teig bei Zimmertemperatur 1 Stunde gehen lassen.
- Ein Blech mit Backpapier belegen.
- Den Teig in zwei Stücke teilen und zu länglichen Laiben formen, siehe Seite 43.
- Die Laibe auf das Blech legen und 1 Stunde gehen lassen.
- Den Ofen auf 200 °C Heißluft vorheizen.
- Wenn der Ofen heiß ist, das Brot auf der untersten Schiene hineinschieben.
- Die Laibe bei 200 °C Heißluft 30 Minuten backen.

FRÜCHTE-NUSS-BROT

Herrlich lecker zu reifem Käse!

1 Brot

25 g frische Hefe
400 g kaltes Wasser
100 g Vollkorndinkelmehl
500 g gesiebtes Dinkelmehl
1 ½ TL Salz

100 g getrocknete Aprikosen, in kleinere Stücke geschnitten
70 g Rosinen
100 g Haselnüsse

- Eine Schüssel auf die Waage und die Waage auf null stellen.
- Die Hefe im Wasser auflösen.
- Die übrigen Zutaten bis auf die Aprikosen, Rosinen und Nüsse abwiegen: Direkt aus der Packung in die Schüssel geben und die Waage nach jeder Zutat wieder auf null stellen.
- Den Teig in einer Teigknetmaschine oder einer Küchenmaschine bei niedriger Geschwindigkeit 10 Minuten kneten.
- Trockenfrüchte und Nüsse abwiegen, hinzufügen und etwa eine Minute einkneten lassen.
- Die Schüssel mit einem Deckel oder Frischhaltefolie bedecken.
- Den Teig bei Zimmertemperatur 1 ½ Stunden gehen lassen.
- Ein Blech mit Backpapier belegen.
- Die Arbeitsfläche leicht mit Mehl bestäuben und den Teig darauf stürzen. Die Ränder um den Teig nach innen falten, sodass er rund wird und Spannung hat (siehe Seite 45).
- Den runden Laib auf das Blech legen.
- Das Brot ca. 40 Minuten gehen lassen.
- Den Ofen auf 230 °C Heißluft vorheizen und auf der untersten Schiene ein Blech hineinschieben.
- Wenn der Ofen heiß ist, das Brot auf mittlerer Schiene hineinstellen. Gleichzeitig ein halbes Glas Wasser auf das Blech am Boden des Ofens gießen.
- Das Brot bei 230 °C Heißluft 40 Minuten backen.
- Wenn es die Kruste behalten soll, das Brot unbedeckt auf einem Rost abkühlen lassen.

ÜBERBRÜHTES PREISELBEERBROT

Ein saftiges und haltbares Brot!

1 Brot

Tag 1

100 g Roggenschrot
100 g grob gemahlenes Roggenvollkornmehl
50 g gefrorene Preiselbeeren
300 g kochendes Wasser

Tag 2

150 g dunkler Sirup (alternativ z.B. Melasse)
300 g kaltes Wasser
25 g frische Hefe
900 g gesiebtes Dinkelmehl
2 ½ TL Salz

1 runde Springform, 24 cm Durchmesser
Butter oder Öl für die Form
Roggenmehl für die Form

Tag 1

- Den Roggenschrot, das Roggenmehl und die Preiselbeeren abwiegen und in eine Schüssel geben.
- Mit kochendem Wasser übergießen und gut umrühren.
- Die Schüssel mit einem Deckel oder Frischhaltefolie bedecken. Über Nacht stehen lassen.

Tag 2

- Eine Schüssel auf die Waage und die Waage auf null stellen.
- Das Brühstück von Tag 1 hinzufügen.
- Die übrigen Zutaten abwiegen: Direkt aus der Packung in die Schüssel geben und die Waage nach jeder Zutat wieder auf null stellen.
- Den Teig in einer Küchenmaschine bei niedriger Geschwindigkeit 10 Minuten kneten.
- Die Schüssel mit einem Deckel oder Frischhaltefolie bedecken.
- Den Teig bei Zimmertemperatur 1 ½ Stunden gehen lassen.
- Die Springform einfetten und mit Roggenmehl bestäuben. Den Teig in die Form geben und mit feuchten Händen flach drücken. Mit etwas Roggenmehl bestreuen.
- Den Ofen auf 200 °C Heißluft vorheizen.
- Wenn der Ofen heiß ist, das Brot auf der untersten Schiene hineinschieben. Das Brot bei 200 °C Heißluft 60 Minuten backen. Am besten die Innentemperatur des Brotes messen; sie sollte 96 °C sein.

ROGGENFLADEN

Ein richtiger Klassiker: weiche Roggenfladen!

2 Stück

25 g frische Hefe
300 g kalte Milch
50 g dunkler Sirup (alternativ z.B. Melasse)
50 g zimmerwarme Butter
1 EL gemahlenes Brotgewürz
1 TL Salz
150 g feines Roggenmehl
300 g Weizenmehl Type 850

- Eine Schüssel auf die Waage und die Waage auf null stellen.
- Die Hefe in der Milch auflösen.
- Die übrigen Zutaten abwiegen: Direkt aus der Packung in die Schüssel geben und die Waage nach jeder Zutat wieder auf null stellen.
- Den Teig in einer Teigknetmaschine oder einer Küchenmaschine bei niedriger Geschwindigkeit 10 Minuten kneten.
- Die Schüssel mit einem Deckel oder Frischhaltefolie bedecken.
- Den Teig bei Zimmertemperatur 2 Stunden gehen lassen.
- Ein Blech mit Backpapier belegen.
- Die Arbeitsfläche leicht mit Mehl bestäuben und den Teig darauf stürzen. Den Teig in 2 Stücke teilen.
- Die Ränder um den Teig nach innen falten, sodass er rund wird und Spannung hat (siehe Seite 45).
- Die Brote flach drücken, sodass sie 2–3 cm hoch werden.
- Die runden Brote auf das Blech legen.
- Ca. 40 Minuten gehen lassen.
- Den Ofen auf 230 °C Heißluft vorheizen.
- Die Brote auf mittlerer Schiene bei 230 °C Heißluft 40 Minuten backen.
- Nach dem Herausnehmen mit einem Geschirrtuch bedecken, damit die Kruste weich wird.

SÜSSES KASTENBROT

Ein richtiger Favorit; ein weiches und buttriges Brot.

2 Brote

25 g frische Hefe
500 g kalte Milch
50 g zimmerwarme Butter
50 g Rapsöl
100 g dunkler Sirup (alternativ z.B. Melasse)
1 EL Brotgewürz
1 ½ TL Salz
200 g feines Roggenmehl
600 g Weizenmehl Type 850

2 Brotbackformen, 1 ½ Liter
Butter für die Formen

- Eine Schüssel auf die Waage und die Waage auf null stellen.
- Die Hefe in der Milch auflösen.
- Die übrigen Zutaten abwiegen: Direkt aus der Packung in die Schüssel geben und die Waage nach jeder Zutat wieder auf null stellen.
- Den Teig in einer Teigknetmaschine oder einer Küchenmaschine bei niedriger Geschwindigkeit 10 Minuten kneten.
- Die Schüssel mit einem Deckel oder Frischhaltefolie bedecken.
- Den Teig bei Zimmertemperatur 2 Stunden gehen lassen.
- Die beiden Brotbackformen mit Butter einfetten.
- Den Teig in zwei Stücke teilen und zu länglichen Laiben formen, siehe Seite 43.
- Die Laibe in die Formen legen und mit Wasser bepinseln.
- 1 Stunde gehen lassen.
- Den Ofen auf 200 °C Heißluft vorheizen.
- Wenn der Ofen heiß ist, die Brote auf der untersten Schiene hineinschieben.
- Die Laibe bei 200 °C Heißluft 30 Minuten backen.
- Die Brote mit Wasser bepinseln und mit einem Geschirrtuch bedecken, damit die Oberfläche weich wird.

VINGA

DÜNNES FLADENBROT

Das hier ist mein Lieblingsfladenbrot; am besten schmeckt es dampfend heiß direkt aus der Pfanne!

8–16 Stück

25 g frische Hefe
250 g kalte Milch
50 g dunkler Sirup (alternativ z. B. Melasse)
50 g Rapsöl
1 TL Salz
450 g Weizenmehl Type 1600

- Eine Schüssel auf die Waage und die Waage auf null stellen.
- Die Hefe in der Milch auflösen.
- Die übrigen Zutaten abwiegen: Direkt aus der Packung in die Schüssel geben und die Waage nach jeder Zutat wieder auf null stellen.
- Den Teig in einer Teigknetmaschine oder einer Küchenmaschine bei niedriger Geschwindigkeit 10 Minuten kneten.
- Die Schüssel mit einem Deckel oder Frischhaltefolie bedecken.
- Den Teig bei Zimmertemperatur 1 ½ Stunden gehen lassen.
- Den Teig in 8–16 Stücke teilen, je nachdem, wie groß die Fladen werden sollen, und diese zu Kugeln formen.
- Zu dünnen Fladen ausrollen, gerne mit einer Teigrolle mit Noppen.
- Eine Pfanne stark erhitzen.
- Die Fladen einzeln bei hoher Temperatur auf jeder Seite 30–45 Sekunden backen.

SCHNELLES SÜSSES BROT

Ein richtig herrliches, aromatisches Natronbrot mit Inspiration aus Island.

1 Brot

200 g feines Roggenmehl
100 g Vollkornweizenmehl
300 g Weizenmehl
3 TL Natron
2 TL Salz
400 g Schwedenmilch (im Reformhaus oder Bioladen erhältlich)
200 g dunkler Sirup (alternativ z.B. Melasse)
200 g Milch

1 Brotbackform, 1 ½ Liter
Butter für die Form
Roggenmehl für die Form

- Den Ofen auf 150 °C Heißluft vorheizen.
- Eine Brotbackform mit 1 ½ Liter Volumen mit Butter einfetten und mit Roggenmehl bestäuben.
- Eine Schüssel auf die Waage und die Waage auf null stellen.
- Die trockenen Zutaten abwiegen: Direkt aus der Packung in die Schüssel geben und die Waage nach jeder Zutat wieder auf null stellen.
- Die trockenen Zutaten gut vermischen.
- Die Schüssel wieder auf die Waage stellen, die übrigen Zutaten abwiegen und hineingeben.
- Mit einem Gummilöffel oder einem Kochlöffel zu einem gleichmäßigen Teig verrühren.
- Den Teig in die Form geben und mit reichlich Roggenmehl bestreuen.
- Die Form mit Alufolie bedecken.
- Das Brot auf der untersten Schiene in den heißen Ofen stellen und bei 150 °C Heißluft 1 ½ Stunden backen.

NATRONBROT

Ein einfaches und schnelles Brot mit Samen.

1 Brot

500 g Vollkornweizenmehl
50 g ganze Leinsamen
100 g Sonnenblumenkerne
2 TL Salz
2 TL Natron
250 g heller oder dunkler Sirup (alternativ z.B. Zuckerrübensirup oder Melasse)
800 g Schwedenmilch (im Reformhaus oder Bioladen erhältlich)

1 Brotbackform, 1 ½ Liter
Butter für die Form

- Den Ofen auf 175 °C Heißluft vorheizen.
- Eine Brotbackform mit 1 ½ Liter Volumen mit Butter einfetten.
- Eine Schüssel auf die Waage und die Waage auf null stellen.
- Die trockenen Zutaten abwiegen: Direkt aus der Packung in die Schüssel geben und die Waage nach jeder Zutat wieder auf null stellen.
- Die trockenen Zutaten gut vermischen.
- Die Schüssel wieder auf die Waage stellen, die übrigen Zutaten abwiegen und hineingeben.
- Mit einem Gummilöffel oder einem Kochlöffel zu einem gleichmäßigen Teig verrühren.
- Den Teig in die Form geben und mit dem Gummilöffel glatt streichen.
- Das Brot mit Mehl bestäuben.
- Auf der untersten Schiene in den heißen Ofen stellen und bei 175 °C Heißluft 1 Stunde backen.

ORANGENLAIB

Inspiriert vom finnischen Schärenbrot. Es mag verrückt klingen, doch der Orangensaft verleiht dem Brot das gewisse Etwas.

1 Brot

25 g Hefe
300 g Orangensaft (kühlschrankkalt)
50 g dunkler Sirup (alternativ z.B. Melasse)
20 g Öl
50 g Haferkleie
50 g feines Roggenmehl
400 g Weizenmehl Type 850
1 ½ TL Salz

1 Brotbackform, 1 ½ Liter
Butter für die Form

- Eine Schüssel auf die Waage und die Waage auf null stellen.
- Die Hefe im Orangensaft auflösen.
- Die übrigen Zutaten abwiegen: Direkt aus der Packung in die Schüssel geben und die Waage nach jeder Zutat wieder auf null stellen.
- Den Teig in einer Teigknetmaschine oder einer Küchenmaschine bei niedriger Geschwindigkeit 10 Minuten kneten.
- Die Schüssel mit einem Deckel oder Frischhaltefolie bedecken.
- Den Teig bei Zimmertemperatur 1 ½ Stunden gehen lassen.
- Die Brotbackform mit Butter einfetten.
- Den Teig zu einem länglichen Laib formen, siehe Seite 43.
- Den Laib in die Form legen und 1 Stunde gehen lassen.
- Den Ofen auf 230 °C Heißluft vorheizen.
- Wenn der Ofen heiß ist, das Brot auf der untersten Schiene hineinschieben.
- Bei 230 °C Heißluft 30 Minuten backen.
- Das Brot mit Wasser besprühen oder bepinseln, wenn es aus dem Ofen kommt.

KAKAOBROT

Kakao in einem Roggenbrot mag unpassend klingen, ist aber unglaublich lecker!

1 Brot

25 g Hefe
400 g kalte Milch
100 g dunkler Sirup (alternativ z.B. Melasse)
15 g Kakao
50 g zimmerwarme Butter
150 g feines Roggenmehl
300 g Weizenmehl
2 TL Salz

Sesamsamen zum Bestreuen
1 Brotbackform, 1 ½ Liter
Butter für die Form

- Die Form mit Butter einfetten.
- Eine Schüssel auf die Waage und die Waage auf null stellen.
- Die Hefe in der Milch auflösen.
- Die übrigen Zutaten abwiegen: Direkt aus der Packung in die Schüssel geben und die Waage nach jeder Zutat wieder auf null stellen.
- Den Teig in einer Teigknetmaschine oder einer Küchenmaschine bei niedriger Geschwindigkeit 10 Minuten kneten.
- Den Teig in die Form geben und mit feuchten Händen flach drücken.
- Mit Sesamsamen bestreuen.
- Das Brot in der Form 3 Stunden gehen lassen.
- Den Ofen auf 230 °C Heißluft vorheizen.
- Das Brot oben einschneiden, falls gewünscht.
- Wenn der Ofen heiß ist, das Brot auf der untersten Schiene hineinschieben.
- Bei 230 °C Heißluft 45 Minuten backen.

ROTE-BETE-BROT

Dieses Brot bekommt durch Rote-Bete-Saft geschmacklich wie farblich eine wunderbare Tiefe.

1 Brot

15 g Hefe
400 g Rote-Bete-Saft
100 g Dinkelvollkornmehl
500 g gesiebtes Dinkelmehl Type 1050
2 TL Salz

ofenfester Topf mit Deckel, 5 Liter Volumen

- Eine Schüssel auf die Waage und die Waage auf null stellen.
- Die Hefe im Rote-Bete-Saft auflösen.
- Die übrigen Zutaten abwiegen: Direkt aus der Packung in die Schüssel geben und die Waage nach jeder Zutat wieder auf null stellen.
- Den Teig in einer Teigknetmaschine oder einer Küchenmaschine bei niedriger Geschwindigkeit 10 Minuten kneten.
- Die Schüssel mit einem Deckel oder Frischhaltefolie bedecken.
- Den Teig bei Zimmertemperatur 2 Stunden gehen lassen.
- Ein Backpapier auf die Arbeitsfläche legen.
- Den Teig auf eine mit Mehl bestäubte Fläche stürzen und zu einem runden Laib formen.
- Das Brot auf das Backpapier legen.
- Bei Zimmertemperatur 30 Minuten gehen lassen.
- Den Ofen auf 230 °C Heißluft vorheizen und einen großen Topf hineinstellen, der mit dem Ofen erhitzt wird.
- Wenn der Ofen heiß ist, das Brot in den heißen Topf legen und den Topf mit geschlossenem Deckel auf der untersten Schiene in den Ofen stellen.
- Bei geschlossenem Deckel 20 Minuten backen, anschließend den Deckel abnehmen und weitere 20 Minuten backen.

ROGGENKNÄCKE

Ein richtiger Klassiker, der immer schmeckt!

8 Stück

25 g frische Hefe
300 g kaltes Wasser
1 TL Salz
200 g Weizenmehl Type 850
250 g feines Roggenmehl

- Eine Schüssel auf die Waage und die Waage auf null stellen.
- Die Hefe im Wasser auflösen.
- Die übrigen Zutaten abwiegen: Direkt aus der Packung in die Schüssel geben und die Waage nach jeder Zutat wieder auf null stellen.
- Den Teig in einer Teigknetmaschine oder einer Küchenmaschine bei niedriger Geschwindigkeit 10 Minuten kneten.
- Die Schüssel mit einem Deckel oder Frischhaltefolie bedecken.
- Bei Zimmertemperatur 1 Stunde gehen lassen.
- Den Teig in 8 Stücke teilen und zu Kugeln rollen.
- Den Ofen auf 230–250 °C Heißluft vorheizen.
- Ein Blech in den Ofen schieben, sodass es mit erhitzt wird.
- Die Teigkugeln zu runden Knäckebroten ausrollen, am besten mithilfe einer Teigrolle mit Noppen.
- Die Knäckebrote nacheinander auf mittlerer Schiene auf jeder Seite 4 Minuten backen, bis sie eine schöne Farbe haben und sich knusprig anfühlen.
- Auf einem Rost abkühlen lassen.

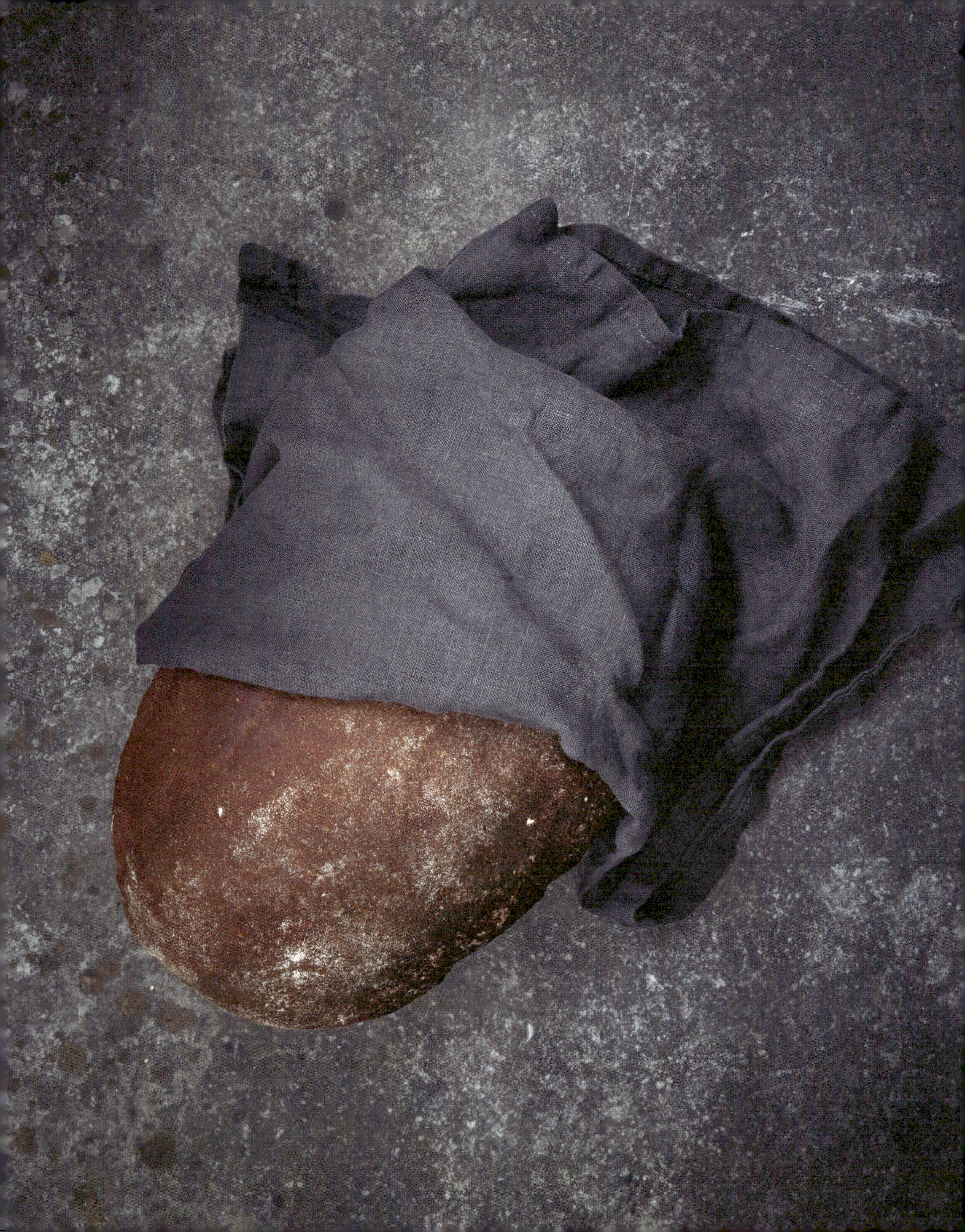

WEIHNACHTLICHES WÜRZBROT MIT GEWÜRZMISCHUNG

Für alle, die eine fertige Gewürzmischung verwenden wollen, habe ich hier ein herrliches Weihnachtsbrot.

1 Brot

25 g frische Hefe
300 g kaltes Porter
1 Tütchen „Vörtmix" (Mischung aus Malzextrakt, Salz, Nelken, Bitterorangenschale, Anis, Fenchel und Kardamom, im Online-Schwedenshop erhältlich; alternativ eine eigene Mischung nach Wahl verwenden)
50 g dunkler Sirup (alternativ z.B. Melasse)
25 g zimmerwarme Butter
300 g gesiebtes Roggenmischmehl
200 g Weizenmehl Type 850
1 TL Salz

- Eine Schüssel auf die Waage und die Waage auf null stellen.
- Die Hefe im Bier auflösen.
- Die übrigen Zutaten abwiegen: Direkt aus der Packung in die Schüssel geben und die Waage nach jeder Zutat wieder auf null stellen.
- Den Teig in einer Teigknetmaschine oder einer Küchenmaschine bei niedriger Geschwindigkeit 10 Minuten kneten.
- Die Schüssel mit einem Deckel oder Frischhaltefolie bedecken.
- Den Teig bei Zimmertemperatur 1 ½ Stunden gehen lassen.
- Ein Blech mit Backpapier belegen.
- Den Teig auf eine mit Mehl bestäubte Arbeitsfläche stürzen.
- Zu einem länglichen Laib formen, siehe Seite 43.
- Den Laib auf das Blech legen.
- 1 Stunde gehen lassen.
- Den Ofen auf 200 °C Heißluft vorheizen.
- Wenn der Ofen heiß ist, das Brot auf der untersten Schiene hineinschieben.
- Bei 200 °C Heißluft 30 Minuten backen.
- Nach dem Herausnehmen mit einem Geschirrtuch bedecken, damit die Kruste weich wird.

WEIHNACHTLICHES WÜRZBROT MIT EIGENEN GEWÜRZEN

Egal, ob Sie es mit oder ohne Rosinen machen:
Dieses selbst gewürzte Würzbrot wird Sie nicht enttäuschen.

1 Brot

25 g frische Hefe
300 g kaltes Porter
100 g dunkler Sirup (alternativ z.B. Melasse)
50 g zimmerwarme Butter
1 EL gemahlenes Brotgewürz
1 TL gemahlene Nelken
1 TL gemahlener Kardamom
100 g feines Roggenmehl
400 g Weizenmehl Type 850
1 ½ TL Salz
100 g Rosinen (optional)

1 Brotbackform, 1 ½ Liter
Butter für die Form

- Eine Schüssel auf die Waage und die Waage auf null stellen.
- Die Hefe im Bier auflösen.
- Die übrigen Zutaten bis auf die Rosinen abwiegen: Direkt aus der Packung in die Schüssel geben und die Waage nach jeder Zutat wieder auf null stellen.
- Den Teig in einer Teigknetmaschine oder einer Küchenmaschine bei niedriger Geschwindigkeit 10 Minuten kneten.
- Die Rosinen, falls gewünscht, kurz untermischen.
- Die Schüssel mit einem Deckel oder Frischhaltefolie bedecken.
- Den Teig bei Zimmertemperatur 1 ½ Stunden gehen lassen.
- Die Brotbackform mit Butter einfetten.
- Den Teig auf einer mit Mehl bestäubten Fläche zu einem länglichen Laib formen, siehe Seite 43.
- Den Laib in die Form legen und mit Wasser bepinseln.
- 1 Stunde gehen lassen.
- Den Ofen auf 200 °C Heißluft vorheizen.
- Wenn der Ofen heiß ist, das Brot auf der untersten Schiene hineinschieben.
- Den Laib bei 200 °C Heißluft 30 Minuten backen.
- Das Brot mit Wasser bepinseln und mit einem Geschirrtuch bedecken, damit die Oberfläche weich wird.

SAUERTEIG-BROT

ÜBER SAUERTEIG

Sauerteig ist eigentlich nur eine andere Art, den Teig zum Gären zu bringen, als mit gekaufter Hefe. Manche fühlen sich unsicher bei der Vorstellung, einen Sauerteig herzustellen, aber keine Angst: Er ist eigentlich nichts anderes als Mehl und Wasser mit ein paar Bakterien. Und wenn der Sauerteig überhaupt nichts wird, setzen Sie einfach einen neuen an!

Sauerteig bildet sich, wenn Hefepilze und Milchsäurebakterien, die es überall in natürlicher Form gibt, in einer Mischung aus Mehl und Wasser wachsen dürfen. Dann bilden sich Milchsäure und Essigsäure, die dem Brot einen säuerlichen Geschmack verleihen. Die Essigsäure ist das Sauerste daran, und diese Bakterie fühlt sich in etwas kälterer Umgebung am wohlsten. Vielleicht ist deshalb finnisches Sauerteigbrot saurer als französisches Levain. Die Milchsäure ist geschmacklich milder, eher wie Joghurt, und die Bakterien haben es gerne etwas wärmer. Wenn Sie die bevorzugen, sollte der Sauerteig ein wenig über Zimmertemperatur stehen.

Ich selbst liebe einen aktiven Sauerteig, der Blasen wirft und seine Größe innerhalb weniger Stunden verdoppelt und der dann auch weniger sauer schmeckt. Wenn ich meinen Sauerteig zu sauer finde, füttere ich ihn ein paar Tage lang zweimal pro Tag, dann wird er aktiver und bekommt einen guten Geschmack.

Sauerteig kann im Prinzip nicht sterben, die Bakterien beginnen zu arbeiten, sobald sie ein bisschen neue Nahrung in Form von Mehl und Wasser bekommen. Allerdings kann er von Schimmel befallen werden – dann sollte man ihn wegwerfen. Um Schimmel zu vermeiden, ist es ratsam, öfter den Behälter zu wechseln und die Ränder sauber zu halten, indem man jeden Tag überflüssigen Sauerteig wegwischt.

Dass man laut Rezept den ganzen Sauerteig bis auf ein paar Löffel wegwerfen soll, wenn man ihn füttert, liegt daran, dass ein größerer Sauerteig mehr Nahrung braucht, und wenn man ihn einfach nur füttert, hat man bald einen riesigen Sauerteig, der jeden Tag eine Tüte Mehl braucht. Wenn man an einem Tag mehr Sauerteig zum Backen haben möchte, kann man natürlich davor mehr davon aufheben.

SAUERTEIGSTARTER

Einen Sauerteig anzusetzen ist etwas, wovor sich viele fürchten, aber mit diesem bombensicheren Rezept für Sauerteigstarter gelingt es auf jeden Fall!

Tag 1

90 g lauwarmes Wasser
10 g Honig
90 g grob gemahlenes Roggenvollkornmehl

Nahrung

60 g Wasser
30 g grob gemahlenes Roggenvollkornmehl
30 g Weizenmehl

Tag 1

- Alle Zutaten in einem sauberen Glasgefäß vermischen.
- Die inneren Ränder des Glases mit nassen Fingern sauberwischen (dort kann sich Schimmel bilden).
- Das Glas mit Frischhaltefolie oder einem nicht luftdicht abschließenden Deckel bedecken (wenn der Deckel luftdicht ist, kann das Glas explodieren).

- Das Glas 2 Tage bei Zimmertemperatur stehen lassen.

- Nach 2 Tagen werden Blasen im Starter sichtbar.
- Alles bis auf 2–3 Esslöffel wegschütten und die Nahrung untermischen.

- Ab dann den Sauerteigstarter jeden Tag auf diese Art füttern, bis er sich innerhalb weniger Stunden verdoppelt oder verdreifacht. Beim Backen sollte man den Sauerteigstarter am besten dann verwenden, wenn er kurz davor ist, seinen Höhepunkt zu erreichen.

- Der Sauerteigstarter sollte frisch riechen, wie Joghurt oder Apfel. Wenn er zu sauer riecht, am besten ein paar Tage lang zweimal am Tag füttern.

DÄNISCHES ROGGENBROT

Dänisches Roggenbrot ist eines der haltbarsten Brote überhaupt, und noch dazu eines der leckersten.

2 Brote

150 g Roggenschrot +
kaltes Wasser

2–3 g Hefe
600 g kaltes Wasser
100 g Sauerteigstarter
100 g dunkler Sirup (alternativ z. B. Melasse)
400 g grob gemahlenes Roggenvollkornmehl
300 g Weizenmehl Type 850
3 TL Salz
50 g Sonnenblumenkerne
50 g ganze Leinsamen

2 Brotbackformen, 1 ½ Liter
Butter für die Formen
Roggenmehl für die Formen

- Den Roggenschrot abwiegen und mit Wasser übergießen, mit Frischhaltefolie oder einem Deckel bedecken und stehen lassen.
- Eine Schüssel auf die Waage und die Waage auf null stellen.
- Die Hefe im Wasser auflösen.
- Die übrigen Zutaten abwiegen: Direkt aus der Packung in die Schüssel geben und die Waage nach jeder Zutat wieder auf null stellen.
- Den Teig in einer Küchenmaschine bei niedriger Geschwindigkeit 15 Minuten kneten.
- Die Schüssel mit einem Deckel oder Frischhaltefolie bedecken und den Teig bei Zimmertemperatur 6 Stunden gehen lassen.
- Die beiden Brotbackformen mit Butter einfetten und mit Roggenmehl bestäuben.
- Das Wasser vom Roggenschrot abgießen und den Schrot in den Teig mischen.
- Den Teig halbieren und in die Formen geben.
- Die Hände mit Wasser anfeuchten und den Teig in den Formen flach drücken. Mit Roggenmehl bestreuen. Etwa 1 Stunde gehen lassen, bis die Brote den Rand der Formen erreicht haben.
- Den Ofen auf 175 °C Heißluft vorheizen.
- Die Brote auf der untersten Schiene bei 175 °C Heißluft 1 Stunde backen. Um ganz sicher zu sein, dass das Brot fertig ist, sollte man die Innentemperatur messen. Sie sollte 96–98 °C betragen.
- Die Brote aus den Formen stürzen und abkühlen lassen, dann in einen Plastikbeutel geben.

Am besten erst am nächsten Tag aufschneiden.

SAUERTEIGBROT MIT SESAM

Knusprige Sesamsamen im Inneren verleihen diesem Brot das gewisse Extra.

1 Brot

350 g lauwarmes Wasser
150 g Sauerteigstarter
100 g weiße und/oder schwarze Sesamsamen
500 g Weizenmehl Type 850
1 ½ TL Salz

runder Gärkorb
ofenfester Topf mit Deckel, 5 Liter Volumen

- Eine Schüssel auf die Waage und die Waage auf null stellen.
- Alle Zutaten abwiegen: Direkt aus der Packung in die Schüssel geben und die Waage nach jeder Zutat wieder auf null stellen.
- Den Teig in einer Küchenmaschine bei niedriger Geschwindigkeit 10 Minuten kneten.
- Die Schüssel mit einem Deckel oder Frischhaltefolie bedecken.
- Den Teig bei Zimmertemperatur 3–4 Stunden gehen lassen.
- Den Teig auf eine mit Mehl bestäubte Fläche stürzen und zu einem runden Laib formen, siehe Seite 45.
- Ein Geschirrtuch in den Gärkorb legen und mit etwas Mehl bestäuben. Das Brot mit der Unterseite nach oben in den Gärkorb legen. Mit Frischhaltefolie bedecken.
- Das Brot für 8–12 Stunden in den Kühlschrank stellen.
- Einen Bogen Backpapier auf die Arbeitsfläche legen.
- Den Ofen auf 230 °C Heißluft vorheizen und einen großen Topf mit Deckel hineinstellen, der mit dem Ofen erhitzt wird.
- Das Brot auf das Backpapier legen.
- Wenn der Ofen heiß ist, das Brot mit dem Backpapier in den heißen Topf heben und den Topf mit geschlossenem Deckel auf der untersten Schiene in den Ofen stellen.
- Bei geschlossenem Deckel bei 230 °C Heißluft 20 Minuten backen, anschließend den Deckel abnehmen und weitere 20 Minuten backen.

SAUERTEIGBAGUETTES

Dinkelmehl Type 1050 gibt den Baguettes extra viel Geschmack.

2 Stück

50 g Sauerteigstarter
300 g lauwarmes Wasser
400 g Dinkelmehl Type 1050
1 ½ TL Salz

Tag 1

- Eine Schüssel auf die Waage und die Waage auf null stellen.
- Den Sauerteigstarter im Wasser auflösen.
- Die übrigen Zutaten abwiegen: Direkt aus der Packung in die Schüssel geben und die Waage nach jeder Zutat wieder auf null stellen.
- Den Teig sorgfältig zusammenrühren, sodass kein Mehl mehr trocken bleibt.
- Die Schüssel mit einem Deckel oder Frischhaltefolie bedecken.
- Den Teig bei Zimmertemperatur 4 Stunden gehen lassen.
- Danach die Schüssel für 8–12 Stunden in den Kühlschrank stellen.

Tag 2

- Ein Backblech mit Backpapier belegen.
- Den Ofen auf 230 °C Heißluft vorheizen.
- Den Teig auf eine leicht bemehlte Fläche stürzen und von allen Seiten zu einem Paket zusammenfalten.
- Den Teig wenden und in zwei Stücke teilen.
- Die Stücke vorsichtig zu Baguettes ziehen und auf ein Baguette-Blech oder ein normales Blech legen.
- Die Baguettes bei 230 °C Heißluft auf mittlerer Schiene 17–18 Minuten backen.

BRÖTCHEN MIT HONIG

Ein bisschen Honig gibt dem Brot einen Hauch Süße und dem Sauerteig etwas mehr Nahrung.

8 Stück

70 g Sauerteigstarter
20 g Honig
300 g lauwarmes Wasser
370 g Weizenmehl Type 1600
1 ½ TL Salz

Tag 1

- Eine Schüssel auf die Waage und die Waage auf null stellen.
- Den Sauerteigstarter und den Honig im Wasser auflösen.
- Die übrigen Zutaten abwiegen: Direkt aus der Packung in die Schüssel geben und die Waage nach jeder Zutat wieder auf null stellen.
- Den Teig sorgfältig zusammenrühren, sodass kein Mehl mehr trocken bleibt.
- Die Schüssel mit einem Deckel oder Frischhaltefolie bedecken.
- Den Teig bei Zimmertemperatur 3 Stunden gehen lassen.
- Danach die Schüssel für 10–15 Stunden in den Kühlschrank stellen.

Tag 2

- Ein Backblech mit Backpapier belegen.
- Den Ofen auf 250 °C Heißluft vorheizen.
- Den Teig auf eine leicht bemehlte Fläche stürzen und von allen Seiten zu einem Paket zusammenfalten.
- Den Teig wenden und in 8 Stücke teilen.
- Die Brötchen auf das Backblech legen.
- 30 Minuten gehen lassen.
- Die Brötchen bei 250 °C Heißluft auf mittlerer Schiene 13–15 Minuten backen.

FINNISCHES SAUERTEIGBROT

Ein Klassiker; ein etwas schwereres Roggenbrot mit viel Geschmack!

1 Brot

300 g lauwarmes Wasser
150 g Sauerteigstarter
20 g dunkler Sirup (alternativ z.B. Melasse)
300 g feines Roggenmehl
200 g Weizenmehl Type 850
1 ½ TL Salz

runder Gärkorb

- Eine Schüssel auf die Waage und die Waage auf null stellen.
- Alle Zutaten abwiegen: Direkt aus der Packung in die Schüssel geben und die Waage nach jeder Zutat wieder auf null stellen.
- Den Teig in einer Teigknetmaschine oder einer Küchenmaschine bei niedriger Geschwindigkeit 10 Minuten kneten.
- Die Schüssel mit einem Deckel oder Frischhaltefolie bedecken.
- Den Teig bei Zimmertemperatur 3–4 Stunden gehen lassen.
- Den Teig auf eine mit Mehl bestäubte Fläche stürzen und zu einem runden Laib formen, siehe Seite 45
- Ein Geschirrtuch in den Gärkorb legen und mit etwas Mehl bestäuben.
- Das Brot mit der Unterseite nach oben in den Gärkorb legen. Mit Frischhaltefolie bedecken.
- Das Brot für 8–12 Stunden in den Kühlschrank stellen.
- Den Ofen auf 230 °C Heißluft vorheizen und ein Backblech hineinschieben, das mit dem Ofen erhitzt wird.
- Einen Bogen Backpapier auf die Arbeitsfläche legen. Das Brot auf das Backpapier legen. Bei Zimmertemperatur 30 Minuten gehen lassen.
- Wenn der Ofen heiß ist, das Backpapier auf das heiße Blech hinüberziehen.
- Bei 230 °C Heißluft auf der untersten Schiene 40 Minuten backen.

DEUTSCHES SAUERTEIGBROT

Wenn man ein großes Brot in einem Topf backt, behält es leichter die Form und wird besonders saftig!

1 Brot

frische Hefe, erbsengroß
500 g lauwarmes Wasser
200 g Sauerteigstarter
50 g dunkler Sirup (alternativ z.B. Melasse)
250 g feines Roggenmehl
500 g Weizenmehl Type 850
2 TL Salz

ofenfester Topf mit Deckel, 5 Liter Volumen

- Eine Schüssel auf die Waage und die Waage auf null stellen.
- Die Hefe im Wasser auflösen
- Die übrigen Zutaten abwiegen: Direkt aus der Packung in die Schüssel geben und die Waage nach jeder Zutat wieder auf null stellen.
- Den Teig in einer Teigknetmaschine oder einer Küchenmaschine bei niedriger Geschwindigkeit 10 Minuten kneten.
- Die Schüssel mit einem Deckel oder Frischhaltefolie bedecken.
- Den Teig bei Zimmertemperatur 4–6 Stunden gehen lassen.
- Einen Bogen Backpapier auf die Arbeitsfläche legen.
- Den Teig auf eine mit Mehl bestäubte Fläche stürzen und zu einem runden Laib formen, siehe Seite 45
- Das Brot auf das Backpapier legen.
- Bei Zimmertemperatur 30 Minuten gehen lassen.
- Den Ofen auf 230 °C Heißluft vorheizen und einen großen Topf hineinstellen, der mit dem Ofen erhitzt wird.
- Wenn der Ofen heiß ist, das Brot mit dem Backpapier in den heißen Topf heben und den Topf mit geschlossenem Deckel auf der untersten Schiene in den Ofen stellen.
- Bei geschlossenem Deckel 20 Minuten backen, anschließend den Deckel abnehmen und weitere 20 Minuten backen.

DANKE!

Das hier ist das zehnte Mal, dass ein Backbuch von mir durch die Druckerpresse und die Buchbinderei in die Buchläden und von dort aus zu den Leuten nach Hause geschickt wird. Es ist immer etwas Besonderes zu wissen, dass das eigene Buch bei jemandem einziehen darf, und ich werde mich wohl nie daran gewöhnen.

Danke an den Tukan Verlag, dass ihr an meine Ideen glaubt und weiter mit mir Bücher machen wollt!

Danke, Katja Ragnstam, für ein weiteres tolles Fotoshooting mit einem so fantastischen Resultat. Es ist einfach unglaublich; du bist so professionell, dass man dir nur ein Moodboard zeigen muss, wie man die Bilder gerne hätte, und hinterher passt alles perfekt!

Danke an all meine großartigen Leser und früheren Kursteilnehmer, die auf Messen und bei anderen Gelegenheiten zu mir kommen: Es ist toll, euch zu treffen, und durch euch macht es Spaß, mehr Rezepte zu erfinden!

Danke an meinen Lebensgefährten und meine Kinder, die es seit über zehn Jahren aushalten, dass ich die Küche belagere, und die während der Rezeptentwicklung alles immer und immer wieder probieren!

Danke für alles Aufmuntern und Anfeuern von Familie, Freunden und Bekannten, alles wird noch schöner, wenn man die Freude mit vielen Menschen teilen kann!

REGISTER

„Aus der Hüfte" backen 27
Brot mit Vierkornschrot 103
Brötchen mit Honig 147
Burger Buns 91
Croissants 96
Croissants ausrollen 47
Dänisches Roggenbrot 141
Danke! 155
Deutsches Sauerteigbrot 151
Dünnes Fladenbrot 117
Einen länglichen Laib formen 43
Einen runden Laib formen 45
Einfaches Topfbrot 81
Erdnuss-Scones 101
Finnisches Sauerteigbrot 149
Früchte-Nuss-Brot 109
Gluten 24
Glutenprobe 25
Haferknäcke mit Samen 105
Haltbarkeit von Brot 17
Hefe 23
Kakaobrot 125
Kneippbrot 83
Kneten 26
Mehl 36
Minibaguettes mit Samen 93
Mythen über das Backen 19
Nach dem Backen 21
Natronbrot 121
Nussbrot 89
Orangenlaib 123

Pestobrot ... 79
Preiselbeerlaib ... 87
Roggenfladen ... 113
Roggenknäcke ... 129
Rote-Bete-Brot ... 127
Sauerteigbaguettes ... 145
Sauerteigbrot mit Sesam ... 143
Sauerteigstarter ... 139
Schnelles süßes Brot ... 119
Siruplaib ... 107
Süßes Kastenbrot ... 115
Technik ... 41
Theorie ... 13
Tipps und Tricks ... 15
Toastbrot ... 77
Tomatenfocaccia ... 85
Über Sauerteig ... 137
Überbrühtes Preiselbeerbrot ... 111
Über-Nacht-Baguette ... 73
Über-Nacht-Blaubeerbrot ... 61
Über-Nacht-Blechschnitten ... 67
Über-Nacht-Brot ... 53
Über-Nacht-Cranberrybrötchen ... 59
Über-Nacht-Dinkelbrötchen ... 55
Über-Nacht-Kürbiskernbrötchen ... 63
Über-Nacht-Pizzateig ... 71
Über-Nacht-Roggenbrötchen ... 57
Über-Nacht-Teegebäck mit Hafer ... 65
Über-Nacht-Walnussbrot ... 69
Utensilien & Geräte ... 28
Vollkorn-Scones ... 95
Vorwort ... 9
Weihnachtliches Würzbrot mit eigenen Gewürzen ... 133
Weihnachtliches Würzbrot mit Gewürzmischung ... 131
Würzmittel ... 38
Zu den Rezepten ... 30
Zutaten ... 33